智慧图书馆建设与服务发展研究

蒋丽艳　杨　敬　许　莉◎著

中国书籍出版社
China Book Press

图书在版编目（CIP）数据

智慧图书馆建设与服务发展研究 / 蒋丽艳, 杨敬, 许莉著. -- 北京：中国书籍出版社, 2023.12
ISBN 978-7-5068-9639-9

Ⅰ.①智… Ⅱ.①蒋… ②杨… ③许… Ⅲ.①数字图书馆—图书馆服务—研究 Ⅳ.① G250.76

中国国家版本馆 CIP 数据核字 (2023) 第 213491 号

智慧图书馆建设与服务发展研究

蒋丽艳　杨　敬　许　莉　著

图书策划	邹　浩
责任编辑	毕　磊
责任印制	孙马飞　马　芝
封面设计	博健文化
出版发行	中国书籍出版社
地　　址	北京市丰台区三路居路 97 号（邮编：100073）
电　　话	（010）52257143（总编室）　（010）52257140（发行部）
电子邮箱	eo@chinabp.com.cn
经　　销	全国新华书店
印　　厂	北京四海锦诚印刷技术有限公司
开　　本	710 毫米 × 1000 毫米　1/16
印　　张	11
字　　数	209 千字
版　　次	2024 年 1 月第 1 版
印　　次	2024 年 1 月第 1 次印刷
书　　号	ISBN 978-7-5068-9639-9
定　　价	68.00 元

版权所有　翻印必究

前　言

随着信息技术和人工智能技术的不断发展，图书馆急需进行数字化、智能化转型。智慧图书馆作为一种新型图书馆模式，将先进的信息技术和人工智能技术应用于图书馆的建设和管理中，以实现数字化、智能化、自主化，并为读者提供更加高效便捷的服务。

智慧图书馆的建设不再依赖于纸质书籍的收藏与展示，而是通过数字化技术将海量的信息资源集成于一体。读者可以轻松在虚拟世界中穿越时空，感受到跨文化、跨学科的知识碰撞，这无疑是知识传播的一大进步。与此同时，人工智能、大数据分析等前沿技术的运用，让图书馆的服务更加个性化与智能化，满足不同需求的读者。

本书以"现代智慧图书馆建设与服务创新"为主题，通过阐释智慧图书馆的概念及特点、形成原因、构成及功能和馆员能力提升等基础知识，探究智慧图书馆建设的理论逻辑、新技术驱动下的智慧图书馆建设。接着，基于阅读推广服务、学科服务、资源服务、情境感知服务、精准知识服务、微服务体系建设研究智慧图书馆服务的多元化；最后，探究智慧图书馆发展的新形态，内容包括智慧城市与智慧图书馆互动发展、5G 环境下智慧图书馆的发展、元宇宙时代的智慧图书馆发展、大阅读时代智慧复合型图书馆发展。

本书体系完整、层次清晰，基于理论与实践相结合，书中内容多源于智慧图书馆的实际工作，可读性和实用性较强，所提出的观点和模式，对读者了解智慧图书馆建设状况和发展前景有一定参考价值。

作者在写作过程中，得到了许多专家、学者的帮助和指导，在此表示诚挚的谢意。由于作者水平有限，加之时间仓促，书中所涉及的内容难免有疏漏之处，希望各位读者多提宝贵的意见，以便进一步修改，使之更加完善。

目 录

● 第一章 智慧图书馆的基础知识 1

    第一节 智慧图书馆的概念及特点 1
    第二节 智慧图书馆的形成原因 7
    第三节 智慧图书馆的构成及功能 9
    第四节 智慧图书馆馆员能力提升 13

● 第二章 智慧图书馆建设的理论逻辑 18

    第一节 智慧图书馆建设的基本原则 18
    第二节 智慧图书馆建设的主要目标 20
    第三节 智慧图书馆建设的标准规范 22
    第四节 智慧图书馆建设的合作模式 26

● 第三章 新技术驱动智慧图书馆建设 38

    第一节 物联网技术与智慧图书馆建设 38
    第二节 大数据技术与智慧图书馆建设 46
    第三节 人工智能技术与智慧图书馆建设 56
    第四节 室内定位技术与智慧图书馆建设 67

● 第四章 智慧图书馆建设与阅读推广服务 75

    第一节 什么是阅读推广 75
    第二节 智慧图书馆建设对阅读推广的挑战 82

第三节　智慧图书馆阅读推广服务的开展策略 …………………… 85

第四节　数据驱动的智慧图书馆阅读推荐服务 …………………… 87

第五章　智慧图书馆服务的多元化探索 …………………………………… 97

第一节　智慧图书馆的学科服务 …………………………………… 97

第二节　智慧图书馆资源服务与实施 ……………………………… 102

第三节　智慧图书馆的情境感知服务 ……………………………… 110

第四节　智慧图书馆的参考咨询服务 ……………………………… 117

第五节　智慧图书馆微服务体系建设 ……………………………… 128

第六章　智慧图书馆发展的新形态探究 …………………………………… 137

第一节　智慧城市与智慧图书馆互动发展 ………………………… 137

第二节　5G 环境下智慧图书馆的发展 …………………………… 144

第三节　元宇宙时代智慧图书馆的发展 …………………………… 149

第四节　大阅读时代智慧复合型图书馆发展 ……………………… 160

参考文献 ………………………………………………………………………… 165

第一章 智慧图书馆的基础知识

第一节 智慧图书馆的概念及特点

人类社会自进入 21 世纪以来，涌现出了以人工智能、物联网、云计算为代表的新一代信息技术，这些新技术的出现在提高生产力水平的同时，也正在催生着新的发展方式。众多新技术、新理念的出现，既为图书馆事业的发展提供了广阔的空间，也使得智慧图书馆逐渐成为图书馆学研究热点。

一、智慧图书馆的概念理解

（一）智慧图书馆概念的产生

智慧图书馆概念虽然在 2003 年第一次提出，但针对其开展系统性、全面性的研究，实际上则是在 2009 年 IBM 公司"智慧星球"等概念提出之后。智慧图书馆这一词汇并不属于图书馆学的原生概念。下面从时间角度进行回溯，对智慧图书馆、智慧星球、智慧城市三者的概念及内在联系进行分析，从而阐述智慧图书馆的产生。

1. 智慧星球

2008 年 11 月，IBM 公司的塞缪尔在美国对外关系委员会上发表演讲，首次提出了构建"智慧星球"的新概念。该理念的核心强调了环保、高效及可持续发展。

得益于长时间以来取得的技术进展，人类世界的组织体系和产业系统正在变得更加仪器化、互联化和智能化，"智慧星球"在这一技术基础上，可以帮助全球范围内商界，政府和社会群体中的领导群体有效利用智能系统实现经济增长、近期效益，并提高可持续发展和社会进步的潜力。2010 年 1 月，塞缪尔又发表了题为"智慧的十年"的后续演讲，他在该演讲中再次阐述"智慧星球"概念，"智慧星球"指智能正在被注入能够提供服务的系统和流程中，从设想、制造、交易的实物；从人、货币到石油、水和可移动的电子；以及数十亿人的工作和生活。

2. 智慧城市

2010年5月，IBM公司发布名为"智慧城市，智慧发展（Smarter cities for smarter growth）"的业务报告，从而提出了"智慧城市"的概念。这一概念被用作探讨如何优化城市功能，以推动"人才经济"模式的发展和提升居民生活品质。

智慧城市有广义和狭义两种理解：广义上的智慧城市是指"以发展更科学，管理更高效，社会更和谐，生活更美好"为目标，以自上而下、有组织的信息网络体系为基础，使得整个城市具有较为完善的感知、认知、学习、成长、创新、决策、调控能力和行为意识的一种新型城市新常态；狭义上的智慧城市概念指的是以物联网（IoT）为基础，通过物联化、互联化、智能化方式，让城市中各个功能彼此协调运作，以智慧技术高度集成、智慧产业高端发展、智慧服务高效便民为主要特征的城市发展新模式，其本质是更加透彻地感知、更加广泛地互联、更加集中和更有深度地计算，为城市的管理与服务运行植入智慧的基因。

3. 智慧图书馆

"智慧图书馆"最早由欧美图书馆界率先提出，多指以图书馆的资源为基础，提供一站式服务、移动服务、应用无线射频识别技术（Radio Fre-quency Identification，RFID）的自助服务等。芬兰学者艾托拉虽早在2003年就提出智慧图书馆的概念，但由于当时技术情况的局限，使得相关研究难以进一步深入，因而无法在学界产生广泛影响。2010年严栋发表《基于物联网的智慧图书馆》一文，是国内图书馆学界较早对智慧图书馆进行的理论探讨，他从感知计算角度对智慧图书馆进行了定义。这使智慧图书馆概念进入了国内学界的视野，也是IBM提出的智慧概念开始得到推广和应用的时间节点。

此后，国内外对于智慧图书馆的探讨便逐渐形成规模，王世伟在物联网的基础上对智慧图书馆做出了更具体的描述："智慧图书馆是无所不在、无时不在地实现书书相联、书人相联、人人相联的新型图书馆模式，其内在特征是数字化、网络化、集群化。"[①] 储节旺[②]、曾子明[③]等又从服务、建设等方面进一步充实智慧图书馆概念研究的相关内容。由于技术发展与理论深入使得智慧图书馆的认识持续深入，对于智慧图书馆的理论研究处于初始阶段，所以图书馆学界目前暂时未对智慧图书馆形成较为统一的认识。

随着RFID技术在图书馆的应用不断得到推广、普及和深入，硬件产品、系统软件也

[①] 王世伟. 未来图书馆的新模式——智慧图书馆 [J]. 图书馆建设，2011（12）：1-5.
[②] 储节旺，李安. 智慧图书馆的建设及其对技术和馆员的要求 [J]. 图书情报工作，2015，59（15）：27-34.
[③] 曾子明，金鹏. 智慧图书馆个性化推荐服务体系及模式研究 [J]. 图书馆杂志，2015，34（12）：16-22.

不断得到丰富和完善，充分满足了图书馆的智能化服务和管理的需求，图书馆也借助于 RFID 的应用，在总分馆管理、智能文献书车等方面进行了特色化的创新。伴随着物联网、智慧城市等技术的成熟发展和应用，"智慧图书馆"的研究与应用，也开始较多地关注于图书馆与物联网、云计算、普适计算等技术的联系，注重从信息技术维度出发的技术型图书馆，感知的深度、范围有所拓展。

从时间角度看，智慧图书馆概念的提出虽然最早，但智慧图书馆概念在随后的发展中，受到之后提出的智慧星球、智慧城市概念的深刻影响，从早期强调移动服务逐步发展为强调互联互通的全方位服务。可以说智慧图书馆正在向智慧星球、智慧城市的高效、可持续发展理念逐步靠近。三者在本质上都强调了人与资源的互相连接，服务及功能的优化。也都拥有共同的技术基础——以人工智能和物联网为代表的新一代计算机网络技术。同时智慧星球、智慧城市、智慧图书馆三者间也构成了一种包含关系：即智慧城市是智慧星球概念的一个关键组成，由城市开始构建智慧地球，而图书馆又是城市的组成部分之一，若要形成智慧城市体系，就必须使城市中的组成机构也实现智慧化，所以构建智慧图书馆是推动智慧城市形成的重要前提。可以说现阶段的智慧图书馆概念是受智慧星球、智慧城市概念影响而形成的继发概念，也是智慧星球、智慧城市理论在图书馆学界的延伸。

（二）智慧图书馆概念的内涵

"智慧图书馆"目前并没有一个确切定义。国内学者众说纷纭，笔者集中整理了一些较有代表性和影响力的定义。国内对于智慧图书馆初次探讨始于 2010 年严栋的《基于物联网的智慧图书馆》一文，他认为智慧图书馆等于图书馆、物联网、云计算与智慧化设备相加之和，通过物联网来实现智慧化的服务和管理；董晓霞认为"智慧图书馆应该是感知智慧化和数字图书馆服务智慧化的综合。"[①] 王世伟从技术基础、核心要素、灵魂与精髓、内外特征四个角度来分析，他认为"数字化、网络化和智能化是智慧图书馆的信息技术基础，人与物的互通相联是智慧图书馆的核心要素，而以人为本、绿色发展、方便读者则是智慧图书馆的灵魂与精髓。以人为本的可持续发展和泛在是其内外特征。"[②] 吴慰慈则将国内关于智慧图书馆的定义整理为四个方面感知型定义："智慧图书馆应该是感知智慧化和数字图书馆服务智慧化的综合；要素型定义：智慧图书馆的 5 大要素为资源（优质、多元、高效）、服务（慧能、泛在、感知）、技术（精准、便捷、智能）、馆员（敬业、专

---

① 董晓霞，龚向阳，张若林，等. 智慧图书馆的定义、设计以及实现 [J]. 现代图书情报技术，2011（02）：76-80.

② 王世伟. 未来图书馆的新模式——智慧图书馆 [J]. 图书馆建设，2011（12）：1-5.

业、创新）、读者（乐用、协同、敏锐）；模式型定义：智慧图书馆的信息技术基础是数字化、网络化、智能化，主要特征是互联、高效、便利，本质追求是绿色发展和数字惠民，这是现代图书馆快速和科学发展的理念与实践；人文型定义：智慧图书馆=图书馆员+智能建筑+信息资源+智能化设备+云计算。"[①]

综上所述，智慧图书馆可以概括为：利用新一代信息技术来改变用户和图书馆设施、系统及信息资源交互的方式，以提高交互的明确性、灵活性和响应速度，从而无需人工干预，即可实现智慧化服务和管理。它的出现标志着人们开始将"数字基础架构"与"物理基础设施"相互融合，以一种超越纯技术层面、更加具有人文情怀的理念来重新认识和建设图书馆。

二、智慧图书馆的主要特点

基于智慧图书馆概念的理解，其应具备以下几个特点。

（一）智慧图书馆的便利性

智慧图书馆通过互联互通的网络，为馆员管理图书馆，用户使用图书馆，以及馆员和用户的学习和生活带来了巨大的变化。

1. 无线泛在

泛在城市和无线城市给无线泛在的图书馆创造了良好的信息环境。而中国的电信事业发展在为智慧图书馆的发展提供保障的同时，也对我国城乡居民的工作和生活产生了深远影响。移动支付、新一代电子商务、新媒体、生活娱乐、泛在式的信息服务等，被越来越多的人使用，给人们带来的变化几乎深入各个领域。

而通过利用有线和无线网络，可以使图书馆真正实现泛在化。用户可以在手机和PAD等移动终端上进行借阅图书、阅读文献、点座位、与同学交流经验和使用视听资源等活动。

2. 一体化使用

智慧图书馆的精髓就是以人为本，以用户为中心，一切从用户的角度出发来提供服务。智慧图书馆的一体化使用，既体现在用户可以到图书馆来，利用物理的图书馆，包括各种设备工具来满足其需求，如借阅、参考咨询、知识共享、小组讨论、丰富课余文化生活的视听活动等。还体现在它的另一个形态——移动图书馆，用户可以在手机或PAD等

---

① 吴慰慈，董焱. 图书馆学概论[M]. 北京：国家图书馆出版社，2019：248.

终端设备上无障碍、便捷地使用智慧图书馆。例如，重庆图书馆的手机图书馆功能包括了丰富的内容，如书目查询、我的图书馆、重图新闻、重图电子书、入馆指南、读者互动、阅读通、讲座预告、使用说明，等等。中国国家图书馆的"掌上国图"，则以其独特丰富的内容形成了服务的特色。移动通信在图书馆中的广泛应用，使21世纪初提出的"我的图书馆"的创新理念真正落到了实处。

3. 个性化程度更高

进入21世纪以来，世界各地的图书馆服务理念都发生了深刻变革，尤其是在我国，发生了从以管理为中心到以服务为中心，从以前的被动服务到现在提倡主动服务，从重视资源建设和馆藏建设到服务与建设并重，从提供固化的、程式化的服务到提供专业的、个性化的服务变化。可以明显看到的是，智慧图书馆比以往的图书馆理念的个性化服务意识有了质的飞跃。同时，智慧图书馆也强调与用户互动，它提供的服务是智慧化的、交互性强的个性化服务。

（二）智慧图书馆的互联性

智慧图书馆的技术具有数字化、网络化和智慧化的特点，智慧图书馆的互联体现在三个方面：全面感知、立体互联和深度协同。

1. 全面感知

智慧图书馆通过各种传感器，使图书馆有了"皮肤"，可以感觉到外部的变化。将传感器部署在设备终端或馆内一些需要感知的环境中，可以获取想要得到的数据。例如，温湿度传感器可以用于对机房的监控和预警，射频识别（radio frequency identifcation，RFID）感应系统可用于图书和文献的感知，等等。目前通过物联网连接的传感器涉及范围非常广泛，包括手机、电脑、射频识别装置、红外感应器、全球定位系统、激光扫描器，等等。再如，美国华盛顿州西雅图市图书馆在多媒体文献全面感知的基础上，实现了读者服务的实时数据显示管理，图书、DVD、CD等各类文献的读者实时服务数据通过大屏幕的分类显示一目了然。挪威国家图书馆的汽车图书馆也是在信息全面互联感知的基础上，实现了汽车图书馆内外人的互动，以及文献借阅和音乐欣赏等多样化服务。

2. 立体互联

立体互联即全面的互联，包括图书馆物理空间的互联，楼与楼之间、层与层之间、区域与区域之间、房间与房间之间、桌与桌之间、计算机与计算机之间、屏幕与屏幕之间、馆藏与借阅之间的相连，以及网络与网络之间、馆与馆之间、书库与书库之间、图书与图书之间、人与物之间的相连；图书馆服务主体馆员之间，服务客体读者之间的互联，主体馆员与客体读者间的人与人、人与机器的互联，三网融合（电信网、广播电视网、互联网）的互联；图书馆跨行业、跨部门、跨城区或跨国界的互联。这些主体的立体式互联使得图书馆成为一个有机融合的整体，从而保证了图书馆服务的深度和质量。

3. 深度协同

智慧图书馆的深度协同体现在馆员与设备工具的协同、馆员与用户的协同、用户与设备工具的协同、信息技术与所有智慧图书馆的主体协同，以及图书馆与其他馆或信息机构的协同。现代社会，图书馆的信息共享尤为重要，它不但能使各馆之间互通有无，而且能够提高资源使用效率，使图书馆的作用最大化。而这些协同的实现必须要有一定的机制，用以规范协同系统内各组成单元的关系，同时维持协同系统的正常运转。例如，在各图书馆之间可以创建个人诚信信息系统，各个图书馆的读者诚信记录可以实现同城联网、全省联网乃至全国联网。这就需要运用智慧图书馆建设的协同理念，在信息技术的支持下创建图书馆诚信协同机制，并逐步建立起图书馆读者诚信网。

（三）智慧图书馆的高效性

智慧图书馆的高效性不但体现在管理的高效，还体现在服务的高效和资源配置的高效上。

1. 管理的高效

"图书馆管理"，是指图书馆的主管者，通过计划、决策、组织、领导、控制和创新等职能来协调工作人员的行为，以达到图书馆预期目标的活动过程。智慧图书馆就是要使管理科学化，使馆内各组成部分高效运转，如促进设备工具的高效使用，提高馆员的工作效率，提高管理者决策效率，提高图书馆整体的创新能力。高效的管理就是要提高图书馆反应的即时性和适时性，使图书馆复杂的神经系统，在面临千变万化的动态发展情况下，能够做到"耳聪目明"并快速反应，借以提高图书馆管理的灵敏度。例如，通过智能技术的物联网，可以实时监控电梯运行，让每台电梯自己成为"安全员"，使电梯运行故障及时得到发现并处置。

2. 服务的高效

在现代社会，用户的服务需求越来越向着高、精、深方向发展，对图书馆的要求也越来越高。智慧图书馆的高效服务，一方面体现在馆员根据用户的服务需求，通过现代化的技术手段，提供最符合要求的信息资源，必要时，还要根据用户深层次的需求提供更专业的服务，如情报服务、知识服务，等等。另一方面体现在图书馆要形成一个集群，利用整体的力量来满足用户个性化的服务需求。例如，"同城一卡通"是21世纪以来图书馆整合集群的典型案例，这种突破行政区划和城市中的分级财政而实现的跨区域的全城（乡）一卡通，使图书馆公共文化服务体系实现了质的飞跃，使原本一个个独立的图书馆资源整合为集群共享的图书馆，使图书馆的设施资源、文献资源以及人力资源的效能走向了最优化。

3. 资源配置的高效

绿色发展是当今时代的主题，也是智慧图书馆的灵魂。图书馆的资源优化配置核心就是提倡图书馆的绿色发展，而低碳环保又是图书馆绿色发展的核心。这就需要馆员转变工作方式，树立绿色发展理念，从点滴做起。例如，现今大学图书馆的占座系统大部分已实现无纸化运行，即取消小票机占座，通过电子选座系统来实现占座，节约了纸张的同时也提高了占座的效率。

第二节 智慧图书馆的形成原因

智慧图书馆是一种融合了信息技术和图书馆服务的新型图书馆模式，其形成原因涉及多个方面的因素，具体如下。

一、技术驱动智慧图书馆形成

人类社会自第三次科技革命以来，不仅极大地提高了原有产业的生产效能，同时也催生了一大批诸如原子能技术、空间技术、电子计算机技术等新兴技术。其中尤其以互联网、计算机为代表的信息通信技术更是取得了长足发展，日趋成熟的信息通信技术，使得人、信息资源突破了时间与空间的限制，真正使地球完成向"地球村"的转变。

进入21世纪以来，大批的技术成果，例如人工智能、物联网、虚拟现实、云计算等雨后春笋般进入人们的视野，并不断刷新公众对科技的认知。在这种技术快速发展的环境下，图书馆也在受其影响，持续更新着自身的工作理念。反之，各种新兴技术也在促使图书馆改变着原有的工作方式。从传统图书馆到数字图书馆再到现在引起各方关注的智慧图书馆，可以说各种功能完善的技术装备，为图书馆从纸质到无纸化、从线下到线上、从孤立到开放的每一次跨越奠定了强有力的基础，而智慧图书馆的提出也是得益于众多无人化、自动化设备在日常生活中的广泛应用，正是这一技术准备为图书馆的未来发展提供了可以参考的新道路。

二、理论引导智慧图书馆形成

图书馆学自创建以来，经历了不断的深化和发展，研究内容从过去的工作方法、人员管理，逐步发展到探讨图书馆事业建设、揭示图书馆的本质特征与发展规律，在长期的发展中总结出了属于自己的一套科学理论。图书馆学从来都不是一个故步自封的学科，为了与不断变化的外部环境相适应，指导图书馆学发展的相关理论也在不断更新、延展。技术的进步为图书馆工作带来了巨大改变，同时也为图书馆学理论提供了新思维、新方向。现阶段，科学向综合性发展的趋势越来越明显，图书馆学作为一门实用性强的科学也逐渐在相关技术的基础上与其他学科不断交互、融合，其理论研究的纵深也在不断得到延展。智慧图书馆的出现既是时代特征在图书馆学上的投影，也是图书馆学自身理论日趋完善的体现，更是图书馆学与计算机科学、通信科学相互作用的必然结果。因此在这种理论环境下，智慧图书馆的出现有其必然性，是图书馆学顺应信息、智慧时代的成果，智慧图书馆理论将促使图书馆学向着更高层次和更高水平发展。

三、社会需求智慧图书馆形成

改革开放以来，我国经济持续发展，人民生活水平不断提高。伴随着物质生活的极大丰富，人民文化素养不断提升，对于作为满足精神文化需求场所的图书馆自然提出了新的要求。民众对于图书馆的需求从过去那种简单的读书看报，提供自修空间，逐渐转变为答疑解惑、学习数字技术、获取高价值信息资源等方面。同时，不同类型用户也对图书馆提出了更具有针对性的要求，例如高校师生要求图书馆提供可靠的学术资源以满足其科研需要；家长需要图书馆为儿童举办有趣、可参与性强并具有教育意义的娱乐活动；中老年希望图书馆教授他们使用日常的技术设备等。因此传统的图书馆已经难以满足各类用户群体日益多样的需求，针对这种情况，图书馆方面势必要与时俱进，对自身进行思考与变革，在此背景下诞生的智慧图书馆概念则是能进一步满足用户需求，承担社会责任，发挥图书馆功效的新构想。

总的来说，智慧图书馆的形成原因是多种因素交织作用的结果，它们共同推动了传统图书馆向数字化、智能化和多样化发展的方向。这一趋势有助于提供更好的知识服务，满足现代社会对信息获取和利用的不断增长需求。

第三节 智慧图书馆的构成及功能

一、智慧图书馆的构成要素

智慧图书馆通过新技术实现智慧化的服务,通过智慧化的管理来统筹整体系统,其构成要素主要包括技术、人、资源、服务、管理等部分。

(一) 智慧技术

技术作为智慧图书馆的驱动元素,为整个系统的建设和运行提供了坚实的基础。新兴技术,如移动通信技术、物联网、RFID 技术和云计算已经在智慧图书馆中大规模应用,彻底改变了我们对图书馆的传统印象。

移动通信技术使读者可以随时随地访问图书馆的资源,无需亲自前往实体馆藏。借助智能手机和平板电脑,读者可以轻松搜索图书馆的数据库,借阅电子书籍和期刊,甚至参加在线学术讲座。这种无缝的连接方式不仅提高了图书馆的可访问性,还为用户提供了更多的便利。

物联网技术将智慧图书馆的物理环境转化为智能化空间。传感器和设备的部署允许馆员实时监测图书馆内的温度、湿度、光照等环境因素,以确保馆藏物品的保存。此外,物联网技术还使得图书馆能够更好地管理和维护设备,提高效率。

RFID 技术已经成为图书馆自动化的核心。借助 RFID 标签,图书馆能够实现图书的自动借还、定位和跟踪。这不仅减轻了馆员的工作负担,还提高了图书馆的服务效率。读者可以快速借阅和归还图书,不再需要排队等待。

云计算技术为智慧图书馆提供了强大的计算和存储能力。图书馆可以将大量数据存储在云端,实现数据的备份和共享。同时,云计算还支持图书馆进行智能数据分析,帮助馆员更好地了解读者的需求和阅读趋势。

(二) 馆员要素

图书馆是一个不断生长着的有机体,智慧图书馆作为图书馆在适应后工业时代发展中所形成的一种新的表现形式,与其相适配的馆员则更是其组成所在,所以智慧的馆员也将是这一有机体中的核心要素。图书馆不是工厂,它所从事的也不是流水线般的生产活动,它是信息交换的场所，图书馆所代表的也不仅仅是几本书、几个数据库那么简单，在这些资源的背后蕴含的是整个人类社会的伦理、道德、法律……这些社会理论问题也无法依靠技术设备解决，所以即使是在智慧图书馆的发展中，馆员依然是日常运作和充分发挥各项职能的基础。目前，具有更加良好的职业品质与专业素养的学科馆员，正不断加入到建设智慧图书馆的队伍中，这种馆员的存在，一方面将使图书馆工作逐步摆脱过去由于缺乏专业人员所造成低水平的重复建设；另一方面也将极大程度地弥补图书馆在与日俱增的技术环境下产生的人文情怀缺失。

（三）智慧资源

资源是智慧系统平台的重要基础，它包括智慧环境设施、智能信息采集、感知、过滤、存储和智能数据分析等方面。这些资源共同构成了智慧图书馆的物质和信息基础设施。

智慧环境设施是智慧图书馆的物理基础。它包括图书馆建筑、设备、家具和设施。这些设施需要满足读者的需求，提供舒适的学习和研究环境。同时，它们也需要支持新技术的部署，例如无线网络覆盖和电源供应。

智能信息采集和感知是智慧图书馆的核心功能之一。传感器和摄像头可以实时监测图书馆内的人流、温度、湿度等数据。这些数据可以用于调整环境条件，提高能源利用效率，并确保读者的舒适度。

过滤和存储资源用于处理和存储大量的数字信息。图书馆需要强大的服务器和存储设备来管理电子书籍、期刊、数据库和多媒体内容。这些资源需要高度安全性，以保护读者的隐私和知识产权。

智能数据分析是智慧图书馆的核心驱动力之一。通过分析读者的借阅记录、搜索历史和行为模式，图书馆可以为他们提供个性化的建议和推荐。同时，数据分析也有助于图书馆了解读者的需求和阅读趋势，优化馆藏和服务。

（四）智慧服务

智慧图书馆体现在服务层面，表现为以感知和分析的基础上实现与用户需求的精准对接，这种服务即在合适的时间、合适的地点以合适的方式，向用户提供最符合其需求的资源的服务。整个模式在运作过程中表现出一种个性化和交互式的体验方式。在高度自动化与智慧化的技术环境中，甚至并非需要用户提出明确的服务请求或输入完整的检索指令，就能通过聚合多种数据来源，感知用户所在的物理空间和网络空间，分析其潜在的资源需求并提供有针对性的互动与反馈，从而形成高品质的图书馆服务。

目前，已有部分智慧图书馆可以将互为独立的不同地域、不同类型图书馆的馆藏文献与资源进行有机串联，使各种实体或虚拟资源在用户中形成立体化的流动，实现用户与图书馆前后端平台的无缝连接。同时针对用户的不同需求来提供空间的规划使用、设备的获取以及个性化的信息建议，实现信息资源乃至知识的共通共享。目前智慧图书馆服务正逐步发展为开发用户对信息资源的自查自检能力，在有效使用图书馆提供的各种类型智慧设备的基础上，逐步引导用户构建适合自身的知识获取体系，形成结构化的信息素养。

（五）管理要素

智慧图书馆在管理层面表现为人、物与数据流的多向交互，智慧图书馆能够基于各方数据对图书馆的运作自动地、实时地、周期性地作出评估并提供动态的修正方案，从而提高决策与服务质量，达到预想目标。例如用户参与的决策流程、自动优化的管理程序、图书馆大数据的实时分析等，都是智慧图书馆较为直观的表达。此类管理的重点在于将包括馆员、用户、机构在内的社群，在科研与业务工作中所积累的互动、反馈信息集中起来，从而形成具有通用性的图书馆学研究和业务工作方法论。这种管理使得图书馆既可以通过该方式来不断完善用户获取相关信息及公共服务的质量，在一定程度上持续优化图书馆的本职工作；也能够使图书馆决策层发挥、利用图书馆的信息优势，进一步融入包括用户、多方信息机构在内的广域信息生态系统，并成为其重要组成部分。从而改变以往传统管理中被动、孤立作出决策的情况。

二、智慧图书馆的主要功能

智慧图书馆的功能主要包括自助检索、自助借阅、自助还书、自助分拣和图书杀菌等。

（一）自助检索功能

智慧图书馆的自助检索功能可以帮助读者快速找到需要的图书。读者只需要在智能终端输入关键词或扫描书籍条形码，就能在图书馆的数据库中找到相关的图书信息。这样不仅方便了读者，也减少了图书馆管理人员的工作量。

读者进入智慧图书馆以后，可以使用自助检索功能，通过以下步骤查找需要的图书：①在智能终端上登录图书馆系统；②在终端上输入书名、作者、ISBN编号等关键词或使用终端扫描图书条形码进行搜索；③系统会自动给出相关的图书信息，包括图书的位置、状态等；④如果需要借阅该图书，可以直接在终端上完成预约或借阅操作；⑤如果读者不知道如何使用自助检索功能，也可以向图书馆工作人员寻求帮助。自助检索功能可以帮助读者快速找到需要的图书，避免其在图书馆中花费大量时间寻找书籍的情况发生。同时，由于自助检索采用数字化的方式进行图书信息查询，大大减少了图书馆工作人员的工作量，提高了图书馆工作人员的工作效率。

（二）自助借阅功能

智慧图书馆的自助借阅功能，可以让读者不受时间和空间的限制，自主完成图书借阅。读者只需在智能终端手动输入书籍编号，就能自助借阅图书，无需工作人员的帮助。

读者借阅图书时，可以通过自助借阅功能完成以下操作：①登录图书馆智能终端系统；②手动输入书籍编号，系统会自动识别书籍信息；③系统会自动检查该书籍是否可以借阅，如果可以借阅，读者可以选择借阅时长（如7天、14天等）；④系统会自动计算借阅期限，并生成借阅记录，将记录保存在读者的账户中；⑤读者可以在规定时间内借阅该书籍，在借阅期限结束之前归还图书；⑥如果读者需要续借，也可以通过自助借阅功能完成续借操作。自助借阅功能可以让读者不受时间和空间的限制，自主完成图书借阅，提高了借阅的便利性和效率，减少了图书馆工作人员的工作量。同时，自助借阅功能也可以提高图书馆的服务水平和用户的体验感，为读者提供更好的借阅体验。

（三）自助还书功能

智慧图书馆的自助还书功能，可以让读者不受时间和空间的限制，自主完成图书归还。读者只需要将图书放入自助还书机器中，机器就会自动识别图书信息并完成还书操作。

读者想归还图书时，可以通过自助还书功能完成以下操作：①把要归还的图书放入自助还书机器中；②机器自动识别图书信息；③系统会自动查询该书籍是否已经借出，如果为已经借出，会将该书籍的借阅记录更新为已归还状态，并将记录保存到读者的账户中；④如果图书有逾期的情况，系统会自动计算罚款金额，并在读者账户中扣除相应的罚款；⑤系统会自动将图书送到相应的书架上，以便下一位读者借阅。自助还书功能可以让读者不受时间的限制完成图书归还，无须到图书馆柜台进行操作，方便快捷。同时，自助还书功能也可以减少图书馆工作人员的工作量，提高图书管理效率。此外，自助还书功能还可以提高图书馆的服务水平和用户体验。

(四)自助分拣功能

智慧图书馆的自助分拣功能,可以帮助图书馆工作人员更快速地处理归还的图书。读者只需要将归还的图书放入自助分拣机器中,机器会自动识别图书信息,并将图书送到相应的书架上,这样可以大大提高图书馆的管理效率。

读者归还图书时,可以通过自助分拣功能完成以下操作:①把归还的图书放入自助分拣机器中;②对图书信息进行识别与分析;③系统会自动将归还的图书送到相应的书架上,以便下一位读者借阅;④如果图书需要修复或者维护,系统会将其送到相应的区域,进行后续的维护工作。自助分拣功能可以帮助图书馆工作人员更快速地处理归还的图书,同时也可以减少图书馆工作人员的工作量,提高管理效率,还可以提高图书馆的服务水平和用户体验。

(五)图书杀菌功能

智慧图书馆的图书杀菌功能,可以防止图书馆的图书成为病毒和细菌的传播源。读者归还图书后,图书杀菌机器会利用紫外线等对归还的图书进行杀菌,为读者的健康提供保障。具体步骤如下:①将图书放入图书杀菌机器内;②机器启动后,会利用紫外线对图书进行全面杀菌;③杀菌完成后,机器会自动将图书送回相应的书架上。图书杀菌功能可以有效地杀灭细菌和病毒,从而降低图书传染疾病的风险,可以为读者提供更加安全和卫生的借书体验。同时,图书杀菌功能也可以减少图书馆工作人员的工作量。

第四节 智慧图书馆馆员能力提升

一、智慧图书馆时代图书馆员能力提升的必要性

随着智能时代的到来,图书馆员职业能力的滞后严重阻碍了图书馆发展的进程。与时俱进,培养熟知各种形态的知识资源、掌握多种信息技术、能够提供智慧服务的智慧图书馆员是当前图书馆面临的重大问题。

第一,提升图书馆员能力是信息技术发展的需要。近年来,科学技术飞速发展,云计算技术、移动互联网技术、物联网技术及大数据技术不断成熟,RFID 技术、传感器技术等信息采集技术、数据挖掘技术已逐步应用于图书馆的管理与服务,图书馆馆藏资源的存

储和检索方式发生了巨大变化，充分提高了智慧图书馆的服务质量与服务效率，图书馆已成为网络化、数字化、智能化的信息中心。各种新技术、新产品在图书馆的应用，使得图书馆员的工作性质和工作内容都发生了重大变化。图书馆服务方式的改变需要图书馆员紧跟时代发展步伐，学习新技术、掌握新技能，不断提升服务能力。

第二，提升图书馆员能力是满足用户需求的需要。随着网络技术、虚拟技术、人工智能技术等迅猛发展，用户的需求已从传统的文献检索、借阅服务向移动数字服务、知识发现等服务转移。而且用户对信息获取的及时性、准确性、便捷性提出了更高的要求，信息需求具有泛在化、移动性、数字化和语义化等特点，只有提升馆员的能力，才能提升图书馆服务质量，适应智慧图书馆工作需要，满足用户的新型信息需求。

第三，提升图书馆员能力是图书馆生存的需要。随着网络技术等先进技术的发展，知识的发布和传递更加便捷，图书出版商、数据库生产商、商业信息服务提供商甚至个人都可成为信息资源的提供者，人们获取信息的途径更加多样化，社交网络、门户网站、搜索引擎等给图书馆的生存带来了巨大危机。图书馆只有与时俱进，从文献服务、信息服务转为智慧服务，才能满足用户需求，实现图书馆的生存发展。图书馆员能力是推动图书馆发展的积极力量，是解决图书馆生存危机的重要支撑。

二、智慧图书馆时代馆员应具备的主要能力

伴随着社会的发展和技术的进步，图书馆从文献服务、信息服务到智慧服务，每一次变革对馆员的专业素质和服务能力都提出了更高要求。

智慧图书馆时代，图书馆员应具备的主要能力包括以下方面。

一是对用户需求的敏锐反应能力。图书馆员要有超前的服务意识，对用户需求具备敏锐的反应能力，主动了解用户的需求。不仅能够掌握用户的显性需求，还能利用大数据技术等对用户的相关数据进行分析，深入发掘用户的隐性需求，且能够通过各种途径及时满足用户需求，使智慧图书馆的服务更为契合读者需求，提升图书馆对用户的吸引力。

二是对新理念、新技术的快速接受能力。当今时代，科学技术发展的步伐不断加快，新知识、新学科不断涌现，人们获取信息的技术手段也日新月异。智慧图书馆是伴随着物联网、RFID、云计算等先进技术的发展而发展起来的新型图书馆。图书馆员要具备终身学习的意识和优秀的学习能力，能够快速接受新理念、新技术，并能够熟练地运用新技术为用户提供深层次的智慧服务。此外，各学科领域之间相互渗透、多种学科交叉融合，知识增长的速度越来越快，获取信息的难度越来越大，获取信息的方式也在不断变化，这些都需要图书馆员具备不断学习、快速接受新知识新技能的能力。

三是对资源的收集、整合、评估能力。互联网时代，信息资源浩如烟海，形态多样，纷繁复杂，馆员需要具备利用多种方法收集文字、声像等多种形式资源的能力。同时，要掌握数学、统计学、计算机等相关学科知识，对收集到的信息资源借助 SPSS、STATA 等数据分析处理软件及 Citespace 可视化工具等，进行对比、分析、鉴别、归纳、总结，评估其完整性、权威性，判断资源的质量，找出有价值的信息，使用户免受无用信息的干扰。此外，还要具备对资源进行整合的能力，通过数据转换、清理、聚类和关联等数据整合和抽取机制，将数据源整合成一个逻辑统一体，为用户提供便捷的一站式信息获取服务，使用户不用访问多个数据源就能获取所需的大量数据，可以更高效地利用信息。

四是对多学科知识储备的能力。智慧图书馆时代，学科知识交叉融合，用户需求更加多元化、专业化、个性化，图书馆的服务由单一向多元发展。馆员必须具有跨学科领域学习与研究的能力，具备对多学科知识储备的能力，不仅要掌握图书情报学专业知识，还要掌握外语、计算机、互联网知识以及更多交叉学科的知识，有终身学习、持续更新知识的意识，及时关注相关学科发展趋势、研究热点等，成为适应智慧服务需要的复合型馆员。

三、智慧图书馆时代馆员能力提升的策略

（一）制订馆员能力培养整体规划

智慧图书馆时代应该增强人才培养意识，制订馆员能力培养整体规划。馆员能力培养首先要有必要的制度保障，图书馆内设立专门负责馆员能力培养的部门，制订馆员能力培养整体规划，统一协调图书馆员能力培养工作。同时，最大化地争取上级相关部门的重视与支持，积极争取资金，为馆员能力培养提供经费支持。

（二）优化馆员岗位配置

在智慧理念下，图书馆的服务内容和服务形式都发生了转变。智慧图书馆建设应该根据图书馆的工作性质，优化部门结构，合理设置部门和职位。智慧图书馆中很多工作可以由机器或机器人完成，如传统的图书借还、上架等，所以应适当减少阅览、外借等流通部门的馆员数量。而信息咨询、学科服务、知识服务、阅读推广、数据管理等依赖馆员智慧的岗位则需要大量增加。

图书馆应该在充分调研的基础上，了解馆员的优势与不足，结合馆员的学科背景、专业技能水平、性格特点等，合理配置馆员的工作岗位。可将高学历、高职称、专业知识扎实、业务能力强、有发展潜力的馆员优先安排在智慧服务的岗位，其他馆员安排在辅助岗

位，确保馆员都能够借助自己的优势，充分展现自己的才华和能力，建设一个馆员间优势互补、扬长避短的智慧服务团队，实现馆员个人和图书馆的双重发展。

（三）建立馆员学习和培训机制

为实现智慧服务和持续发展，图书馆应该建立馆员学习和培训长效机制，不断完善培训制度，积极为馆员创造学习条件，在馆内营造良好的交流、学习、研究氛围，鼓励馆员进行自主学习和接受培训。

1. 培训内容

图书馆需要围绕智慧图书馆管理与服务，具有实用性和前瞻性，针对馆员的知识结构、学科背景及服务岗位，对馆员进行相应内容的培训，例如计算机网络知识、相关智能设备、平台的使用、信息管理、数据发现、数据挖掘、数据分析、数据评估、数理统计知识等，建立适应智慧服务的课程体系，不断提高馆员的信息素养、数据素养、技术素养等，进而提升馆员的智慧服务能力。

2. 培训形式

馆员学习和培训可采取"馆内馆外结合，线上线下结合"的方式。馆内可以定期进行业务培训，由馆内业务骨干或聘请专家进行相关专业知识讲解；也可以组织馆员就某个专题内容或某个服务案例进行研讨、交流；还可以围绕智慧图书馆建设中的现实性问题，引导馆员申报相关科研项目，在科研项目研究过程中进行学习，进而提升智慧服务能力。馆外学习可以采取在职培训、学历进修的形式，组织馆员到其他图书馆参观学习或参加各级图书馆学会等开办的专题培训班、讲座、座谈会等；还可以鼓励馆员积极参加学术会议，然后在馆内分享学习体会，促进其他馆员能力提高，共同成长；也可以指派馆员到科研院所或相关公司、机构参与知识库、智慧图书馆系统等项目开发实践，在实践中提升能力。除了线下的培训、交流，还可以利用先进的多媒体技术，借助网络资源平台，充分利用线上资源进行学习，例如线上讲座、MOOC、网络精品课程等，也可以利用相关技术论坛，掌握最新的技术发展动态等资讯。线上学习形式新颖多样，可以突破时空限制，能够获得更好的学习体验。总之，应根据馆员实际情况，采取灵活多样的形式，建立馆员终身学习机制，有针对性地促进馆员智慧服务能力不断提升。

（四）完善馆员考核和激励体系

1. 科学的考核机制

首先要制定规范的管理制度，确定每个岗位具体的岗位职责，每个馆员都明确其职责。考评时，定性与定量相结合，从工作效率与数量、质量等方面进行综合考核。考核的结果既是奖惩的依据，也能让馆员认识到工作中的不足，从而促进其进一步提升自身的能力。

2. 有效的激励机制

有效的激励机制可以充分调动馆员的积极性，促使馆员坚定职业信仰，激励馆员积极主动地提升工作能力，更好地提高服务质量。有效的激励机制既包括物质激励，又包括精神激励。图书馆领导层面要关心馆员能力发展，馆员参加学习或培训，图书馆应给予时间、经费等方面的支持；对于积极参加学习的馆员，图书馆在岗位聘用、职称评审及福利、荣誉等方面要适当倾斜，并以此激发其他馆员提升自我的意识，主动提升自身素质、改善能力结构；对于智慧服务岗位的馆员，在业绩考核、津贴分配等方面要增加权重，引进竞争机制，促使馆员增强危机意识，激发馆员自我完善的动力，自发提升服务能力，鼓励馆员竞争上岗。

总而言之，科技不断进步，社会不断发展，图书馆不断转型，但图书馆为用户服务的宗旨永远不会改变，提升馆员的服务能力是图书馆永恒的主题。智慧图书馆时代，新技术、新理念不断涌现，为图书馆的发展带来了巨大的机遇和挑战，对馆员的能力提出了更高要求。智慧图书馆建设不应单纯停留在硬件设施的更新换代，而培养适应社会发展需要的智慧馆员是智慧图书馆生存和发展的重要因素。图书馆管理者和馆员都应充分认识智慧图书馆时代馆员能力提升的重要性和紧迫性，积极学习、借鉴国内外智慧图书馆建设的先进经验，从图书馆整体发展规划出发，制订馆员能力提升方案，为馆员提供学习条件，不断拓宽知识面，改善知识结构，能够熟练使用可视化技术、大数据技术、多媒体技术、网络技术、人工智能技术等智能信息技术为用户提供智慧服务，实现图书馆创新发展。

第二章 智慧图书馆建设的理论逻辑

第一节 智慧图书馆建设的基本原则

一、坚持以人为本，服务用户的原则

现代信息技术的不断更新升级使得人类现有的知识体量急剧扩展，再学习周期不断缩短。若要与高速发展的信息社会保持同一频率，每个人则必须不断将已知信息及时转换为自身可以了解、可以使用的知识，并不断淘汰过时信息与知识。相应的，智慧图书馆所要做的也应该是为帮助每一位用户拥有此种能力而努力。若将图书馆用户按信息素养高低来划分，一方面是简单了解或不了解现代信息技术，但有一定知识学习诉求的用户群，可以称为"学习者群体"。另一方面是能熟知现代信息技术理论，并能熟练运用于日常科研学习中，在某一或某些知识领域有特定的、专指的深度知识需求的用户，可以称为"研究者群体"。

智慧图书馆在面对这两类用户时要确定的原则就应该是——以人为本，服务用户。即让图书馆的使用价值跳出传统的存储、借阅等层面。让图书馆通过分析数据，发现潜在的问题，区分出共性和个性的需求。在共性需求方面，对于学习者要以熟练掌握图书馆提供的信息工具，完善信息素养，培养其独立发现、解决问题的能力为基本目标；对于研究者以在更少的使用时间内，获得更丰富、更准确的信息资源，为其提供更加有效、简洁的信息工具，辅助其更好地完成研究任务为基本目标。在个性需求方面，可以基于定期采集的用户数据和统计资料，为不同类型的用户提供具有定制化、人性化的相关资源。同时也要在综合两种需求的基础上进一步制订出体系化的解决方案。

二、坚持降低门槛，强化功能的原则

从互联网进入每个人的生活以来，各种类型的用户根据自身实际情况对互联网提出越来越多的诉求，而以用户为导向的互联网商用技术越来越成熟，以微信、微博、抖音为代

表的社交软件更是占据了绝大部分人在移动终端上的使用时间。这些社交软件为人们营造出了一个个区别于现实生活的社交场所，这种线上社交已经逐渐成为生活在信息时代人们的一种独特生活方式。以往需要通过语言交流、浏览实体文献来提升认知、拓宽视野的传统方式，已经逐渐被各种类型的社交软件所取代。

　　社交软件之所以能在互联网浪潮中始终占据一席之地。究其根本，一方面是社交软件提供了十分丰富并且强大的功能，用户要的不是简单的功能叠加，而是能切实解决他们的需求的存在。社交软件在长期的应用中积累了海量的反馈数据，并以此归纳出数据背后的真实需求，根据用户在通信、社交、支付、娱乐等不同方面的要求，有针对性地开发出最贴合用户实际的功能。另一方面，社交软件对于大众的使用门槛极低，绝大多数软件只需要一部手机和一条短信验证码就能开始使用，并没有想象中繁琐的操作流程。反观现阶段的图书馆，在用户的既有印象中，多数都没有突破储藏场所、阅览场所、自修场所的情景设定，当使用图书馆时也是围绕这三种场所延伸出的需求而开展的。当用户有更高层次、更加专指的资源需求时，往往因为不了解具体的使用流程或使用要求较高，转而去寻求诸如百度、Google 等社会检索工具的帮助，进而使得互联网数据库成为大众获取信息、知识的主要方式。

　　在与互联网背景下众多新型信息媒介的竞争中，图书馆在很多方面确实处于不利地位。但图书馆在版权方面、资源权威性、历史性资源方面却拥有得天独厚的优势。因此怎样缩短用户与资源之间、用户与用户之间的距离，如何让图书馆成为低门槛的功能性场所，是能否让这种优势得到最大程度发挥的关键所在。

三、坚持突出试验，启迪创新的原则

　　自现代意义的大学建立以来，不管是理论体系的总结还是实体成果的发明，都不可否认实验室为这些学术成果的诞生做出了突出贡献。实验室无论是在学术研究还是在培养创新精神方面都具有无可比拟的地位。然而面对基数庞大的民众群体，社会教育这一重任仅靠大学、研究院等教学科研机构发几篇文章，做几个项目是远远不够的。目前我国的教育困境是缺乏创新意识，各个阶段的学生总是过于相信书本，被动地接受知识，从教师到学生，始终接受的是第二手的知识。

　　长此以往，无论是教育行为的发起者还是接受者，都一直停留在已有知识层面，因而导致了创新意识的缺失。图书馆作为除学校外另一个重要的教育主体，也应积极参与到社会教育这一事业中来，要努力向实验室体系看齐。之所以要这么做是因为不同于科研机构，图书馆具有普惠性，没有对用户群体的年龄、所从事的工作等方面加以限制，无条件

地向任何有需要的人提供馆内一切资源。图书馆空间应该是一个室内实验室，无论是学生、研究人员还是企业家都可以在此开发、测试和展示他们的智慧技术，分析收集到的数据并指引相关项目的开展。

这样的好处是，当服务正处于提升认知年龄段的学生群体用户时，若图书馆能发挥和实验室一样的功效，让他们自主地发现问题、分析问题、解决问题，便能够使他们从小埋下独立思考的种子，才能在以后的实践中更好地让这种思维开花、发芽，最终在长期的学习生活中逐渐发育成创造思维。另一方面对于非学生用户群体，通过形成和实验室一样的求知氛围，让这类用户被这种气氛所吸引，通过引人入胜的学习过程，对存在的问题能够提出质疑，敢于质疑，这样才会对反复思考后获得的知识留下更深刻印象，使形成的智慧更好地为自身所用。

四、坚持打造"智慧"共同体的原则

智慧图书馆不是个孤立的个体，它是"智慧城市"理念下的产物，也是未来智慧格局的重要组成部分。所以智慧图书馆的建设应考虑到体系问题，不能只突出智慧图书馆个体的作用，而忽视了智慧图书馆在整个智慧体系布局中的定位。智慧图书馆是与用户相连接的资源媒介，图书馆一直以来在资源体量和权威性方面有着无可比拟的优势，所以智慧图书馆要切实发挥这种优势，在"智慧城市"环境下尽可能多地为用户提供知识获取途径，有效引导民众高效率地获取、使用知识，以适应智慧时代社会的快速变化。

同时，智慧图书馆为用户打造学习、交流和创新的融合空间，培养其创新能力；另外也是智慧城市的又一重要教育场所，智慧图书馆能以全天候、无门槛的特征实现对学校教育的衔接和补充。因此，智慧图书馆在建设时，除强化自身功能外，也要推动以图书馆、博物馆为主体的文化系统，与以中小学、本专科高等院校为主体的教育系统的联合，有效借鉴智慧图书馆实践经验，共同形成智慧发散、交流创新、共享包容的"智慧共同体"，促使用户群体完成向"智慧公民"的转变。

第二节　智慧图书馆建设的主要目标

图书馆的智慧发展需以目标为导向，智慧图书馆理论深入需以问题为导向，而目标的明确将有助于聚焦重难点问题，因此，明确智慧图书馆建设目标便十分重要。

一、努力实现图书馆平台与系统的全融合

在技术驱动背景下，用户对图书馆的实时服务和管理提出了更高期望与要求。图书馆应拓展服务系统平台，开发包括 PC 客户端、移动 App，智能设备等多种智能终端系统，通过各种智能终端设备采集用户的数据与信息，用于读者服务。为了确保读者服务的一体化，需要实现所有使用场景的全融合，以保证信息的统一、用户体验感的增强，这也体现了智慧图书馆以融合为发展的主要要求。

二、努力实现用户需求的全面覆盖

用户需求一直是图书馆服务的出发点和落脚点，用户需求决定了图书馆事业的发展方向。因而，在建设智慧图书馆时，应将工作重点放在满足用户现实需求与挖掘用户潜在需求上，通过用户需求促进图书馆的转型与发展。智慧图书馆应充分利用用户画像技术等技术，充分了解、挖掘不同读者群体需求，进而不断优化图书馆分层服务。同时，注重普惠性服务到特色化服务的转化，逐步推进从大众化服务到个性化服务、从馆内服务到馆外服务、主题特色服务等服务方向，实现各类群体服务的全覆盖。

三、努力实现图书馆服务的全智能

图书馆智慧服务是在无限数据的场景下，将各种数字资源经过知识组织、加工、推荐、管理等环节转化为知识，为读者提供服务。从技术角度讲，图书馆智慧服务是在信息技术应用到一定广度与深度的情况下，通过一系列技术手段的综合应用，收集的数据信息，并通过数据挖掘、知识管理、推荐计算等方式，为读者提供高质量、个性化的知识服务。内容+服务的知识服务模式是图书馆智慧服务的发展方向，依托技术实现知识利用的全智能，既是构建智慧图书馆的基本要求，也是图书馆构建知识性服务业态的必然选择。

四、努力实现图书馆业务管理的全优化

在图书馆的发展过程中，始终注重服务效能与品质的提升，从服务的模式到服务的手段再到服务的途径，一直将用户的需求作为指引，不断地转型、创新与提升。在技术驱动的背景下，图书馆也应积极转变管理理念、管理文化，探索管理方式，不断优化业务管理，推动图书馆工作的协调发展。一方面，充分利用科学技术实时挖掘用户需求，满足读者显性、隐性、碎片化、多粒度、多维度、多内容的需求；探索新业务的开发与利用，不

断提升业务水平和业务能力；另一方面，充分挖掘馆员的业务专长，分配岗位，不断提升馆员的价值认同；建立健全的用户满意度评估与反馈机制，不断推进服务、业务、管理的优化与提升。

五、努力实现图书馆数据的全利用

大数据技术实现了大批量的数据处理和数据价值的充分挖掘，将其应用到图书馆建设中能够进一步丰富智慧服务的内涵，加快图书馆信息化、知识化、智慧化的转变进程。图书馆应在云计算、大数据等技术体系的支撑下，将信息生态链的发展理念应用到图书馆的服务、管理、业务等工作流程中，构建涵盖设施、资源、服务等多层级的智慧信息服务体系，将用户、资源、空间、业务等图书馆大数据进行统一的收集、整理、存储与利用，进而实现数据驱动的资源采购、空间管理、个性推荐等智慧应用服务，通过建设多维互联的图书馆信息系统，进一步推进图书馆智慧服务体系和管理体系的构建。

第三节　智慧图书馆建设的标准规范

标准化常常是图书情报界引起争议的问题之一，随着公共图书馆向智慧图书馆转型、迈进的转型，这一分歧更为明显，我国图书馆经历了网络化、数字化、虚拟化、智慧化演进过程，对"标准化"的不同见解随着实践而再次表现出来。过去的《公共图书馆建设标准》已经难以适应当前智慧图书馆建设的现实需要，迫切需要建立新的标准体系，用以指导和推动智慧图书馆发展。具体来说，智慧图书馆建设标准包括结构、技术、服务、数据及评价五个方面（图2-1）。

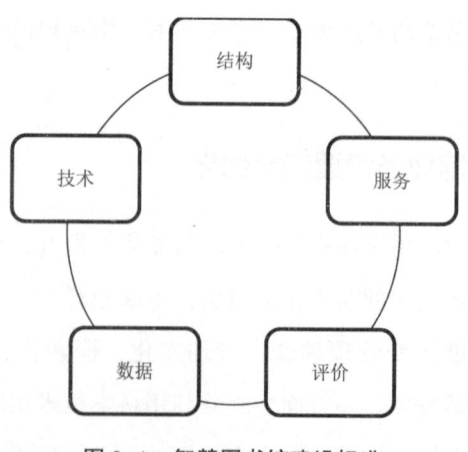

图2-1　智慧图书馆建设标准

一、结构标准

剖析智慧图书馆建设结构，主要由智慧产品与智慧服务两个大的方面构成。其中，智慧产品主要由智慧图书馆内的自助导航、咨询机器人等智能设备设施组成；智慧服务既包括馆藏图书资源的智慧服务，也包括空间智慧服务。

对应结构标准规范包括基础规范、技术规范、业务规范、数据规范和服务规范五个方面。其中，基础规范包括智慧图书馆术语词表、智慧图书馆数据交换、开放基本原则和最佳实践等；技术规范包括智慧图书馆机器学习应用指南、智能图书馆生态建筑标准、智慧图书馆人机交互应用规范；业务规范包括智慧图书馆结构模型、智慧图书馆空间智能管理规范、智慧图书馆数据交换格式与协议；数据规范包括智慧图书馆关联数据应用指南、智慧图书馆数据分析与挖掘应用指南、智慧图书馆数据应用接口规范等；服务规范包括智慧图书馆用户认证应用规范、智慧图书馆信息可视化应用指南、智慧图书馆机器人点检应用指南、虚拟现实设备应用指南等。

二、技术标准

智慧图书馆运用人工智能、物联网、大数据、云计算等先进技术，涉及感知传导技术、分析判断技术和服务提供技术三个方面，这三项技术支撑起智慧图书馆建设和运营。

一是基础设施层。主要涉及利用先进技术实现图书馆馆藏资源管理智能化，实现智能感知，从而为读者提供智能服务。

二是资源管理层。主要涉及利用数字网络技术描述图书信息及智能检索，实现多语言、多领域通用操作。

三是应用服务层。主要是涉及支持智慧图书馆不同业务平台系统操作标准，以及平台数据互通、整合，实现智能化管理、服务。统一认证接口规范、数字对象唯一标识符参考实现方案、数字对象唯一标识符本地解析规范、ODL 规范及开发指南、Open URL 资源调度规范。

三、服务标准

智慧图书馆能够对空间、环境、客户服务进行智能感知和反应。具体来说，根据智慧图书馆建设及运营要求，所建立的服务标准包括以下方面。

一是智慧服务泛环境化。即，智慧图书馆中消除了语言及身体障碍；降低了软硬件及技术应用掌握；相关的技术应用使馆藏资源呈现更加直观，且适应经济社会和文化的发展变化；为用户提供24小时不限时资源服务；AI、VR技术设备的应用，提供虚拟现实数字服务。

二是服务主动化。智慧图书馆能够根据用户阅读习惯、阅读历史数据分析，提供主动且个性化服务。例如专业教育、通识教育和创新教育；根据终端用户需求及偏好、习惯等提供数字咨询服务。

三是知识服务多元化。可根据用户实际需求，通过智能技术运用，为其提供多元化知识服务，满足用户个性化需求，建立起"会猜想、懂用户心思"的智慧图书馆。

四是服务自助智慧化。智慧图书馆可利用机器人等实现自动智能问答，解答用户疑问；智能自助查阅、检索和阅读设备，提供自助智慧化服务。

五是空间体验服务。智慧图书馆设立若干特定功能空间，使用户实现沉浸式阅读体验，从而通过建立或营造能够吸引用户的物理环境、空间和氛围，为用户提供空间体验服务。

六是信息素养教育。智慧图书馆中使用到了大量的AT、VR、云计算、RFTD等先进技术，培养用户数字素养、信息素养、视觉素养和计算机应用素养等。

七是智能反馈评估。智慧图书馆通过智能化应用信息收集、反馈，以及交互式零距离互动服务，增强用户的体验，拓宽智慧图书馆智慧服务互动、沟通、评估渠道。

八是隐私保护。智慧图书馆建设，通过RFTD标签匿名化，保护用户隐私；运用图像加密技术对用户脸部等敏感身份信息进行模糊处理；利用K-匿名技术、L-多样性技术对数据挖掘进行匿名处理，降低数据信息发布精度，保护用户隐私。

四、数据标准

（一）组织性数据标准

组织性数据标准涵盖数据编码标准和数据描述标准。前者主要是图书馆管理中通用的数据规范性表达、融合、交换。如《非结构化数据表示规范》《数据分类指南》《智慧城市数据融合：数据编码规范》等，这些标准或规范为智慧图书馆数据规范分类、统一视音频等非结构化数据表示等提供指导。后者主要是针对智慧图书馆数字资源进行规范描述。例如《数字对象唯一标识系统》《叙词表及与其他词表的互操作》《书目数据元目录》《统一文献元数据标准》《专门数字对象描述元数据规范》《面向数字图书馆的电子商务标准规范》《图书馆数字资源长期保存信息包封装规范》等，这些标准和规范为图书馆资源知识化描述提供遵循。

（二）管理性数据标准

智慧图书馆管理性数据标准包括数据筛选、数据存储、数据质量和数据评估等若干标准。其中，数据筛选标准则是规定智慧图书馆数据信息采集的范围和重要领域，是重要的管理性数据标准。数据存储标准主要将结构化、非结构化数据信息通过分布式存储模式，将海量数据信息按照统一的标准和格式进行存储，规范数据挖掘和分析。数据质量标准则是从一致性、完整性、时效性、正确性、关联性、可靠性、规范性、可访问性、准确性等方面进行标准统一。目前有《数据质量评测方法与指标体系》《信息技术数据质量评价指标》等。数据评估标准则根据成本/效益理论、利益相关性理论、公共服务理论、智慧应用、协同应用等，评估智慧图书馆数据价值。

（三）使用性数据标准

使用性数据标准主要包括数据共享与数据分析两大标准体系。其中，数据共享标准，应能够支撑馆际、馆内、其他领域和面向社会所提供的数据，而且数据要能够共享。目前，智慧图书馆使用数据标准主要有《科学数据管理办法》《信息技术科学数据引用》，以及国际标准化委员会发布的关于图书馆数据相关的标准规范。数据分析标准主要是涉及算法应用、数据分析模型等标准。分析标准的统一，可有效防止出现算法黑箱、歧视偏见等，规范馆员行为规范。

五、评价标准

（一）馆员评价标准

馆员评价标准主要包括智慧图书馆人才结构及分布、主体认知及能力，以及馆员培养制度等。再细化具体到：图书馆本科及以上馆员占比、副高及以上职称馆员占比、专业学科馆员占比、信息技术馆员规模；年均馆员教育培训投入；年均馆员职业能力培训人次及时间；智慧馆员队伍标准建设及应用成熟度；馆员智慧图书馆考评参与度；智慧图书馆馆员创新成果、创新能力及水平，等等。

（二）基础设施评价标准

基础设施评价标准主要包括公共空间智能化、通信基础信息化、信息化平台建设等。再细化具体到：图书馆 WTFT 覆盖率、WTFT 使用流畅度、5G 技术普及度；智能图书馆物理智能化管理水平、空间智能化管理水平，以及智慧空间建设情况、馆员及用户身份识别智能化水平、空间定位精准化水平；图书馆基础数据信息平台建设、图书馆公共数据资源共享平台建设、图书馆云存储平台建设，以及跨网络访问通道建设，等等。

（三）管理评价标准

管理评价标准主要涉及人员管理、图书馆运营管理和文献资源管理：图书馆馆员智能化应用水平、工作流数据信息采集度、用户信息采集筛选和智能化管理水平；图书资源利用分析智能化分析能力；图书馆用户行为习惯智慧化分析能力。文献资源管理包括图书资源添加智能化决策水平、馆藏资源电子化程度、文献资源智能化标引细粒度、公共资源采集智能化水平，等等。

（四）服务评价标准

服务评价标准包括空间类服务、能力培养服务和资源保障服务；智慧图书馆个性化空间利用可及性、便捷性，智慧图书馆个性化空间智能辅助系统及应用，基于AI机器人智能咨询服务；VR沉浸式服务利用率、AR虚拟现实应用成熟度；图书馆决策新技术应用程度、基于新技术手段开展信息素养教育、计算机素养教育、智慧素养教育，以及科研创新素养教育及成果；馆藏信息资源挖掘服务可获取能力，用户个性化服务精准度，科研数据信息管理服务程度，等等。

第四节 智慧图书馆建设的合作模式

一、我国智慧图书馆建设合作模式及对比

目前，已有图书馆开展智慧图书馆建设合作。本研究通过网站调查、电话咨询、文献调研等方法调查我国智慧图书馆建设合作情况，基于所获取的图书馆年报、年鉴、工作方案、新闻报道等一手数据与二手数据，梳理出三种可效仿、可推广的典型合作模式，分析重点内容与有效经验。需要说明的是，我国智慧图书馆建设尚处于从数字图书馆向智能图书馆转型的初级阶段，重点任务之一是完成行业实践层面的技术运用与部署，包括布局智慧楼宇和智慧空间，较为普遍地实现自助借还、盘点、查找等基础业务工作的智能化以及研发下一代图书馆服务平台。在当前智慧图书馆建设中，"新一代信息技术"是必不可少

的关键要素，"数字化""网络化""智能化"是技术应用中所呈现的重要特点，"服务""用户""资源""业务与管理""馆员"则是智慧图书馆运行的基础和前提。基于此，本部分重点调研了智慧图书馆所需技术的研发与应用合作，以及基于技术的空间、服务、管理、资源和馆员等方面的智慧化合作。

（一）馆企合作模式

智慧图书馆运行高度依赖人工智能、区块链、机器学习、增强现实等智慧技术的应用以及 RFID 自助设备、智能门禁系统、智能监控系统、智能咨询机器人等智能设备的引进。然而，除极个别图书馆具有一定智慧技术研发与智能设备设计实力外，我国多数图书馆并不具备全方位构建智慧图书馆的条件与能力，往往要借助高新技术企业在技术、业务、网络和产品等方面的综合优势。我国已有不少图书馆选择与企业合作建设智慧图书馆，比较典型的有国家图书馆。

国家图书馆在 2019 年与华为签署全面合作框架协议，成立"国家图书馆华为联合创新实验室"，共同探索公共文化服务中的智慧技术运用，打造智慧数字图书馆新业态；2020 年与中国图书进出口（集团）总公司（以下简称"中图公司"）签约建立了战略合作关系，在 5G 新阅读、知识服务、数字资源战略保存等方面深入合作，面向公众多层多样阅读需求提供智慧服务。三方联合建设了兼具场景化和体验感的"沉浸式"阅读体验区，该体验区融合了 5G、全景视频、VR 等先进技术，拥有可实现巨幕裸眼 VR 效果的"全景展厅"，以及有机结合了移动智能设备、VR 设备与树形展架的"阅读树"，读者可以利用现场各式 VR 设备终端观赏古代典籍和文物古迹等视频资源。国家图书馆还利用企业技术知识优势开展馆员智慧化培训，如举办新技术应用培训活动，由华为公司讲师向馆员讲解云计算和 5G 技术在各行业的案例应用情况。华为公司的通信网络、信息技术、智能终端和云服务等优势，以及华为生态圈的 AR、VR 等能力，中图公司的内容资源优势、知识服务和应用创新能力，是国家图书馆建设智慧图书馆的重要依托。

上海图书馆与上海人民广播电台阿基米德传媒达成战略合作，共建广播馆，组合智能有声化荐书和场景化阅读，打造智慧图书馆新阅读场景；青海省海南藏族自治州政府借助华为大数据建设成果优势，合作建设 5G 图书馆，涉及 5G 机器人、5G+VR 智慧阅读、5G+4K/8K 远程阅读、5G+MR 互动体验等；江西省图书馆新馆与阿里云公司、江西联通公司合作搭建省级智慧图书馆，引进云计算、大数据、物联网等新兴技术以及智能书架、智能球幕等高端设备，并建设 3D/5D 影院、智慧教室等智慧空间。这些实践是图书馆行业与互联网机构、知识信息服务机构深度合作的行业典范，可为馆企合作建设智慧图书馆提供有效经验，也有助于吸引更多企业参与智慧图书馆事业，促进企业技术优势与图书馆文化优势共融。

可以看出，馆企合作模式具有定向委托特征，主要是图书馆借助企业成熟的技术、产品和理念等多方优势，实现自身"物"的智慧化，进而实现"服务"智慧化。相比传统图书馆、数字图书馆建设时的馆企合作，智慧图书馆建设中的馆企合作因所需技术研发与运用难度更大、服务平台与系统性能要求显著提升，合作关系更加强调战略性，图书馆也更易对企业产生深度依赖，须考虑如何提升图书馆的合作主导权。

（二）馆际合作模式

"十四五"时期，"全国智慧图书馆体系"项目将引领全国各级图书馆智慧转型，包括建设全网知识内容集成仓储、全国智慧图书馆管理系统、全域智慧化知识服务运营环境以及普遍的线下智慧服务空间。搭建智慧图书馆建设馆际合作网络，并形成全面互联发展格局是"全国智慧图书馆体系"的题中之义，比较典型的有苏州图书馆与上海图书馆的馆际合作。

在"沪苏同城化"战略背景下，基于地缘相近、人文相亲的基础优势，苏州图书馆紧扣"沪苏同城"和"江南文化"两个关键词，通过规划共绘、服务共联、行业共构、产品共兴、品牌共推、环境共建、发展共谋、开放共助、社会共享、机制共创十个"同城化"，实现沪苏公共图书馆共建共享。一方面，苏州图书馆全面对接上海图书馆，双方通过签约形式共享联合书目数据，共推阅读活动，实现沪苏公共文化服务一网通，并建立馆际交流机制，开展高层次、高频率的互访交流。另一方面，苏州图书馆加入了上海市图书馆行业协会 FOLIO 技术及应用联盟和复旦-阿法迪智慧图书馆学研究中心，参与 FOLIO 系统开发、智慧图书馆学术研究及应用体系建设，并主动承接科技成果转化。2021 年 4 月，双方以"下一代图书馆智慧服务平台研讨暨长三角智慧阅读圆桌会议"为契机，加快构建公共图书馆领域科技创新共同体，致力于打通数据应用瓶颈，促进应用场景开发激活，加速打造具有国际影响力的智慧图书馆典范。特别地，上海图书馆、南京图书馆、浙江省图书馆和安徽省图书馆在此会议上联合发布了《长三角智慧阅读倡议书》，倡议协同开发基于微服务架构的下一代图书馆服务平台，建立多层立体智慧服务体系，加快特殊群体共享智慧阅读，实施读者数字技能培训以及智慧应用学术研究。这对于促进长三角地区智慧图书馆共建具有标志性意义，展现了智慧图书馆建设的区域性多馆合作趋势。

可以看出，馆际合作模式具有多维交流的特征，即区别于馆企合作以实现单体馆技术与设备智慧升级为主，馆际合作内容涉及技术共研、资源共享、服务共创、体系共建、理论共探等多维度。当图书馆地理空间距离较接近、经济条件较相似、地方文化与民众需求较一致时，图书馆在发展经费、资源基础、办馆功能等方面也具有共通性，能够更好更快地实现馆际合作。并且，馆际（多馆）合作有潜力形成区域智慧图书馆体系，进一步为"全国智慧图书馆体系"奠定基础。

（三）联盟合作模式

为有效参与行业竞争，个体图书馆常以联盟成员身份，借助联盟的规模效应和议价能力获得发展机会。然而，我国现有图书馆联盟建设尚存在标准不一、数据孤岛、资源不均等问题，技术快速更新与用户多样需求也使得原有数字联盟的功能和模式无法完全保障智慧图书馆建设。以协同建设智慧图书馆为目标，构建智慧图书馆联盟是有益选择，比较典型的有智慧图书馆技术联盟（筹）和智慧图书馆协同创新联盟。

智慧图书馆技术应用联盟（筹）（Chinese Alliance for Library Service Platform，CALSP）是由从事开放平台技术和应用的系统开发商、集成商和对开放平台技术及应用有兴趣的图书馆，及各类组织机构自愿结合组成的全国性、行业性、非营利性的社会团体。CALSP 以"开放共享、合作共赢"为宗旨，以"构建一个开放、可动态扩展的个性化图书馆智慧服务平台，共创一个集应用者、开发者为一体协同联动的图书馆系统研发机制，创立一个共享交流的图书馆服务平台生态联盟，参与智慧图书馆体系建设"为联盟目标，致力于发展成为融合各方资源和力量的生态联盟。CALSP 重视培育图书馆应用开发社区，鼓励价值贡献，现有上海图书馆、陕西省图书馆、苏州图书馆、深圳市盐田区图书馆、上海交通大学图书馆等共 13 个成员组成的应用社区，负责为联盟产品提供需求对接、应用实践、标准探索、产品质量监督等；北京万方数据股份有限公司、杭州麦达电子有限公司等共 11 个成员组成的开发社区，负责技术开发并维护社区平台及产品套件，丰富平台产品应用，提供运维服务等（数据截至 2022 年 7 月 19 日）。在联盟运作上，由管理委员会明确联盟具体工作目标、工作方针和任务，领导联盟各分支机构开展工作；由专家委员会指导联盟工作，制定和规范各类技术、应用标准以及进行相关咨询指导；由秘书处协助两委员会工作、筹备联盟会议、进行宣传培训、文件起草、联络交流等。

CALSP 的具体业务，包括组织成员共同开发及维护下一代图书馆服务平台（云瀚）的核心版本与标准化套件，制定平台应用规范与技术标准，带领成员共同构建并维护一个开放的、可持续发展的社区以及与国内外各地区组织机构合作交流等。为帮助国内社区与行业同仁了解国内外智慧图书馆建设资讯与前沿实践知识，CALSP 每月举办《智慧图书馆技术应用讲座》，邀请专家作前沿报告，讲座可供在线观看与回顾；其官方网站及时更新

FOLIO 国内外开发与运用进展，持续提供联盟视频、FOLIO 相关文档、讲座会议课件、图书馆知识技术文档、专业论文等资源，并开放留言通道，解答 FOLIO 与云瀚的具体模块应用、开发进度、商业化参与、经费投入及其他相关基础问题。CALSP 的这些工作与努力有助于汇集图书馆界智慧和实践，促进业界与学界交流并激发行业内外合作兴趣，吸引更多机构加入联盟，逐步扩大应用开发社区规模，构建起我国智慧图书馆生态系统建设共同体。

智慧图书馆协同创新联盟（Union of Smart Library Collaborative Innovation，SLU）由国内有志于智慧图书馆建设的图书馆及建设单位自发、联合发起成立，以"协同创新、共享发展"为宗旨，以"推进我国智慧图书馆的创新与实践"为目标，现有来自北京、甘肃、广东、上海、四川、浙江、重庆等地的共 44 个联盟成员，成员以高校图书馆为主，也有公共图书馆（如德清图书馆）和企业（如维普资讯）。SLU 设有 6 个工作组，分别是研究与培训工作组，负责基础理论研究、智慧需求与系统设计、智慧馆员培训等；服务共享工作组，负责探索服务共享机制与规则、联合参考咨询与编目等；数据标准与业务流程标准工作组，负责确立联盟成员的元数据、运行数据、用户数据、资源数据等数据标准与业务流程标准；创新智慧服务工作组，负责智慧服务、推荐服务、创新应用和流程创新等；统计分析与宣传工作组，负责数据统计分析、图书馆价值宣传与联盟宣传等；知识服务与创新工作组，负责成果管理、学科服务与知识服务创新等。相较 CALSP 主要专注于技术应用，SLU 合作内容更广泛，涉及技术开发、标准设计、馆员发展、服务创新、价值营销等多方面。

可以看出，联盟合作模式具有集成协同的特征。CALSP 和 SLU 的成立与运行，对于集成行业内外多方力量聚焦智慧图书馆建设重点具有重要的统筹意义，未来需进一步增加成员数量并深化内部合作。本书认为，智慧图书馆联盟应精品化发展，负责攻关智慧图书馆建设中的重大疑难问题，原有的各类图书馆联盟也需结合需求，开展一些一般性、普遍性的智慧业务合作。相较前两种模式，智慧图书馆联盟合作更为复杂，如何建设高效的专门性联盟并快速升级现有联盟，是未来需要持续关注的问题。

（四）模式对比分析

我国智慧图书馆建设合作以图书馆与企业两大主体为主，开展跨行业、跨区域、跨系统和跨层级的合作。从主体组合看，可以分为单向型：企业和图书馆（一对一/多对一），双向型：图书馆和图书馆（双馆合作/多馆联合）和混合型：多个图书馆和多个企业（多馆多企合作网络）三种组合方式，由此初步形成我国智慧图书馆建设的馆企合作模式、馆际合作模式和联盟合作模式。

馆企合作模式以单向供给、定向服务为主，由企业基于图书馆智慧化需求进行智慧技术开发、智慧产品定制和智慧空间升级等工作。馆企合作模式有合同予以规范，经费支持明确，合作方案清晰，合作过程有序。但由于图书馆技术能力弱、企业认知与图书馆目标存在差异等，可能导致企业技术研发与产品设计不能完全满足图书馆智慧化需求；双方管理体制差异、合作目标与价值追求不一致等因素，也将一定程度影响合作。

馆际合作模式以共商共建、互助共享为目标，在智慧图书馆技术应用、资源建设、服务创新、体系化发展和理论研究等方面展开合作。馆际合作模式的优势在于合作对象均为图书馆，故发展理念、资源基础、建设能力与需求等较为一致，共同的行业智慧转型目标，也有利于激励各馆克服合作中可能出现的障碍；但在合作内容与边界以及资金投入等方面容易模糊，馆际行业竞争关系也一定程度会影响合作。

联盟合作模式以多方协同、联动发展为宗旨，倡导价值奉献精神，鼓励联盟成员在智慧服务平台建设、智慧技术开发、数据与业务标准设计、智慧馆员发展、智慧服务创新与价值营销等方面合作。该模式可以通过汇聚各类图书馆、企业及其他机构提升合作主体多样性，也有利于培育行业标准和产品使用习惯，是图书馆行业面对新技术挑战和智慧化任务时及时、理性的反应。然而，成员多样性也对联盟运作提出挑战，需要解决如何依据各自专长向成员合理、公平分派各项智慧化任务以实现最大化合作效率，如何激励成员最大限度地贡献自身价值以提高合作效益，如何监管联盟成员行为以保障成员合作权益等问题。

总体而言，上述三种模式在合作内容上均注重技术层面的合作，这与当前我国智慧图书馆建设尚处于优先完成"物"的智慧化的初期阶段有关；在参与主体上以一些先进图书馆为主，且东部地区图书馆合作行动更多，合作呈现出较为明显的区域集聚特征，未来需要解决如何丰富合作主体的多样性以聚合各方建设力量，如何调动中西部地区图书馆的合作积极性以扩大合作范围与深度等问题。

二、我国智慧图书馆建设合作模式运作机理

当前，无论是针对智慧图书馆建设合作的理论认知，还是实践经验均十分薄弱，有必要从合作模式持续、高效发展的角度，深入分析智慧图书馆建设合作活动内在的、相对稳定的运行规律，系统揭示合作模式运作机理。

（一）合作动机——互利共赢

1. 馆企合作模式中的互利共赢

动机是激发和维持有机体行动，并将行动导向某一目标的内部驱力。企业合作的首要

动机是实现利益创收，利益越多企业便越愿意建立合作关系。"全国智慧图书馆体系"的推进，带来了很大的智慧技术与产品市场需求。率先研发和生产出满足图书馆智慧化所需技术与产品的企业，既有机会迅速占领相关市场，获得规模化和持续性的经济效益，也有机会参与制订智慧图书馆建设标准规范，建立企业在智慧图书馆市场的行业话语权与引导地位。馆企合作还有利于企业建构社会资本，从中获取社会效益并间接获取经济利益。如公共图书馆与地方政府具有天然稳固的关系，企业可以借助馆企合作与政府建立间接沟通关系，获取相关政策法规的支持。公共图书馆与相关社会群体也建立有稳定的社会网络关系，拥有强大的社会群体信任，企业可以借助馆企合作嵌入以图书馆为网络节点，汇聚政府、其他同行、上下游以及社会群体的社会网络中。图书馆合作的首要动机是引进智慧技术与设备。借助馆企合作，图书馆可以获得企业技术与人才支持，来应对智慧化进程中的高新技术挑战，也可以学习企业技术研发、项目运营、设备维护等方面的核心知识，来解决智慧图书馆建设中的实际问题，还可以学习企业管理与运行模式来提高图书馆整体运行效率。因此，尽管双方具体合作动机有所区别，但馆企合作模式可以实现企业与图书馆互利共赢，这也是促进双方跨行业合作的共同动机。

2. 馆际合作模式中的互利共赢

技术智慧是智慧图书馆的基础，图书馆业界正面临着智慧技术研发难且成本高的难题。馆际合作是图书馆行业共同承担研发成本并共享建设成果的有效举措。知识层面，馆际合作模式可以扩大单个图书馆的专业知识资源库，既能共享技术研发知识来填补知识缺口，并在知识交互中产生新知识；也能在智慧设备运用与维护、智慧服务内容创新等方面长期共享经验。经费层面，智慧图书馆建设需要持续且巨大的资金投入，馆际合作模式以资金联合投入形式分担技术研发成本，带来了更多技术创新与试错空间，也提高了图书馆抵抗研发失败风险的能力。另外，馆际合作模式可以从技术合作进一步拓展至智慧服务、智慧管理等维度，特别是在普遍缺乏智能型人才的现实局限下，该模式有利于以人力资源共享形式提升各馆技术人才实力，共同探索智慧馆员培育路径。

3. 联盟合作模式中的互利共赢

作为多馆多企参与的混合型合作网络，联盟合作模式不仅兼具馆企合作模式和馆际合作模式中的互利共赢动机，更表现出规模性、标准化和管控力三方面的互利共赢。

首先，通过多馆多企及其他社会团体的联合行动，可以加快智慧化所需技术与产品的研发进程，更大程度分担资金成本与失败风险，获得并享受规模经济性。

其次，基于行业内外的深度交流与协作，联盟成员可以共同制订智慧图书馆基础规范、技术规范、业务规范、数据规范、服务规范和产品规范，引领并促进建立统一的智慧图书馆标准规范体系，获取智慧图书馆行业标准协同优势。

最后，成员多样性赋予了联盟合作模式更强的管控与制裁能力，既能抵制可能出现的企业技术垄断并获取企业最优的产品、价格与服务，如 SLU 联盟章程中提出"共同与数据库商约定数据库采购中的数据收割条款和权益保障"；也能有效制约和惩戒合作中可能出现的诸如违背契约、"搭便车"等行为，保障成员的义务履行与权益获取。

（二）合作条件——优势互补

1. 馆企合作模式中的优势互补

实现互利共赢需要合作主体能够优势互补。知识层面，馆企双方可以相互学习，实现知识共享与创新。图书馆的优势在于其作为智慧技术与产品的应用主体，馆员了解图书馆用户需求与产品应用场景，并具备丰富的业务知识与专业见解，有能力将图书馆智慧化需求明确反馈给企业，评判相关产品品质并识别隐含的技术缺陷。企业的优势在于其作为技术创新主体，技术实力强且理念先进，具备丰富的研发与运营知识，能够将图书馆智慧化需求落实到具体产品。组织层面，图书馆成员具有的社会品质、精神状态、使命驱动的组织文化，以及内在的互惠互利观念可供企业学习，企业高效的做事风格、充沛的组织活力等优势也可供图书馆借鉴。

另外，针对技术产业领域产学研创新网络明显的小世界性、多数企业研发合作还处于起步阶段的情况，图书馆可以利用技术信息咨询、专利情报收集等专业服务经验，为企业运行智慧图书馆项目收集、分析相关情报并提供咨询服务；图书馆也有机会深入了解技术型企业的情报需求，为实现智慧知识服务奠定基础。如此，馆企双方可以共享异质性资源，多样化组合彼此优势，在组织学习中实现交互式共同发展，达成合作的相互平衡与进步。

2. 馆际合作模式中的优势互补

不同于企业与图书馆间优劣势较为清晰的情况，图书馆之间的同质性更强。总体相似的组织架构、基本相同的业务需求和比较一致的专业知识，使图书馆间更易彼此沟通与理解，易于建立良好的合作关系。然而，同质性过强会带来合作分工问题，易出现熟悉或简单模块抢着干，陌生或难点模块却无人承担的现象。另外，由于不同图书馆的经济实力、研发能力、发展基础等存有差异，智慧图书馆建设能力有所区别，易导致合作地位不平等。因此，从优势互补角度出发审视自身的战略定位与合作能力，挑选具有建设智慧图书馆所需（且本馆不具备）的资源优势或核心能力的图书馆开展合作十分关键。这不仅有利于明确分工，提高合作效率，优势的稀有性还可以化解建设能力差异带来的不平等，如良好的声望和地位可以提高合作行为的可信任度，兼容的管理者理念与馆员文化可以避免无谓的冲突或误解，更优的行业网络位置和强势的行业网络能力，有助于处理外部关系与整合稀缺资源等。

3. 联盟合作模式中的优势互补

作为一种兼具创新性与复杂性的组织形态，联盟可持续发展的关键在于能够基于成员各自的优势（如技术与资金实力、创新与研究能力）实现联盟内部的专业化分工，鼓励成员为实现联盟目标充分贡献自身价值。如 CALSP 中应用社区和开发社区各自具有较为清晰的责任界定，分别承担联盟分派的各项任务及工作，共同遵守联盟社区规则与治理模式。相比其他两种模式，成员的多样性大大拓宽了信息来源渠道，在联盟内部聚集更为丰富的异质信息，形成技术创新的知识源泉；多个成员间专长互补可以有效突破单个图书馆或者单个企业关键资源和核心能力的单一性限制。另外，联盟合作模式可以为成员间相互合作搭建桥梁，具备演化出更多馆企合作和馆际合作的可能性，如 CLASP 在其联盟章程中明确提出"联盟优先推荐联盟成员间相互合作"。

（三）合作保障——规范有序

一段合作关系中必然蕴含着冲突，容易产生利益问题。无论与谁合作，都需要明晰合作对象的分工与价值贡献，建立完善、高效的合作秩序，从而消解由于任务分工不明、利益分配不均，或者"搭便车"行为而引起的合作障碍。对三种合作模式而言，规范有序都是其建立合作主体间长久、坚实合作的保障。

一方面，规范的契约对成功建立并维护合作关系十分重要，通过制定可执行、强有力的契约，明确合作职责、合作程序与违约责任等，均衡权益与义务，确保智慧图书馆建设合作关系的长期稳定。特别是在馆企合作模式的"供（企业）—需（图书馆）"合作结构下，图书馆需要发挥控制权，提前估量合作任务，在契约中明确产出成果，并做好跟踪监控，以确保合作企业能在既定时间内完成任务。

另一方面，虽然规则化和制度化的合作更容易达到保证合作主体效益的目的，却也容易带来合作灵活性不足、程序固化等问题，导致合作效率降低、创新力受到限制。当前，智慧技术与服务创新是智慧图书馆事业高质量发展的根本动力与核心需求，这就需要允许合作主体在合作期间尝试一些创意性方案，故合作成果不能完全依赖合同或协议予以限定。这也就意味着，随着合作关系深化，合作主体间应当建立并维护好基于"声誉""关系"和"信任"的非契约机制,允许一定的柔性合作与试错机会。

三、我国智慧图书馆建设合作模式的发展建议

(一)加强各级图书馆参与合作的意愿与能力

智慧图书馆建设合作是大势所趋,谁能抓住合作先机,谁就将在智慧图书馆建设合作中掌握主动权。图书馆良好的合作意愿是达成合作的前提。

一方面,图书馆领导者应充分认识到,面对全行业智慧转型带来的技术挑战,提升本馆合作意愿,端正合作动机,以平等互利的态度、积极主动的姿态加入外部合作中是必然选择。

另一方面,机构意愿需要个体意愿的支持,即需要从馆员层面建立合作意愿。可以开展馆员智慧转型动员与培训活动,促进馆员深刻感知图书馆智慧化带来的个人职业发展危机与转型需求,提升其合作意愿与学习能力。这既有助于提高馆员在具体智慧图书馆合作项目中的配合度,也将推动馆员抓住合作机会主动开展知识传递、扩散、吸收与创造等活动,保障图书馆智慧化需求的输出与关键技术知识的流入。

当建立起合作意愿后,便面临合作伙伴的选择问题。选择是双向行为,为获取更多选择权以及被选择的机会,图书馆应加强合作能力。这是一种高价值的动态能力,涉及创建合作的构建能力、管理合作的组织能力,以及知识转移的学习能力,表现为合作伙伴相互信任、协调以及承诺等形式,是搭建和优化合作网络结构,完善和拓展网络关系,获取和整合稀缺资源,打造和保持竞争优势的关键能力。良好的合作能力可在一定程度上弥补一些图书馆资金不足、资源薄弱等短板,以获取更多合作机会和更高的合作地位。图书馆领导者应重视提升本馆合作能力,如引进优质的科技创新型人才以提高技术能力,培育开放的组织文化以提高馆员协作交流能力,加强管理者个人关系与私人友谊的维护以强化组织联系并缓解馆际竞争等。

(二)建立馆际合作模式中公平合理的合作机制

馆际合作模式旨在实现智慧图书馆建设的共商、共建与共享,但在跨区域、跨层级合作时,各馆的创新能力、技术资源、资金实力等存在差异。面对馆际差距,促成馆际平等对话,形成友好协商、彼此尊重的合作关系,是该模式成功的关键。本研究认为,在既有合作框架与经验的基础上,有机融入智慧图书馆建设合作项目,构建公平合理的合作机制是有效方式。

合作初期，各馆应仔细分析各馆在智慧图书馆建设中的专业特长、资源优势与薄弱项，结合共同的智慧化战略目标充分协商、论证并确定合作内容；基于各馆能力分配合作任务并明确合作责任，协调经费与人力投入比例，制订合作方案与细则，确保合作的可执行性与效率。

合作中，各馆应根据实践需要以及合作中暴露的问题，及时调整方案并完善合作制度，以开放公平、合理透明的合作规则规范合作行为。特别是针对破坏合作规范的合作对象应给予惩罚，以保障各馆作为"平等参与者"的应有权益，达成相互尊重、平等互利的合作期望。

（三）把握馆企合作模式中图书馆的合作主导权

在馆企合作模式中，因图书馆在技术与人才方面偏弱势，易对企业的技术介入产生路径依赖，造成合作陷入被动接受的不利局面。图书馆需强化自身在合作中的话语地位与专业力量，建立由图书馆主导的健康、可持续的馆企合作关系。

第一，合适的合作对象、有序的合同与详细的合作方案是基础。与合适的合作对象建立长期稳定的合作关系，可以有效降低时间成本和资金成本，图书馆应审查企业智慧化项目经验、行业反馈及未来发展潜力，恰当评估企业的技术研发和产品设计实力，挑选技术能力强且理念与图书馆相匹配的企业建立合作；制订规范的合作协议与方案，划定清晰的职责范围，并提前研判可能出现的目标冲突，对底线问题予以协议约束。

第二，关键知识的双向转移是重点。由于企业对图书馆运营机制、组织文化和用户需求等了解有限，企业在为图书馆研发、设计智慧技术与产品时须获得馆方的充分参与和支持，以确保研发成果投入使用时能获得最佳应用成效。这就需要图书馆在合作中贡献专业知识，向企业正确传递图书馆智慧化理念与需求，如丹麦技术大学图书馆在与企业合作开发数字平台时，负责收集和传播有关 VR、AR、MR 的最新发展、相关专利、市场趋势等知识，并负责评估虚拟解决方案。图书馆也要积极学习企业数据采集与分析、技术运用与系统维护等技能，通过合作构建自身建设智慧图书馆所需的核心能力。

第三，维护长期合作关系是保障。馆企合作是跨部门合作，双方在组织结构、制度、流程、决策等层面有较大差异，易出现合作误解。图书馆应重视决策协调工作，积极沟通、求同存异，在尊重馆企双方利益前提下确保图书馆决策的独立性与科学性；关注伙伴关系管理，密切关注合作活动进展并予以动态管理；利用社会效益激发企业长期合作兴趣，促进企业承担社会责任和建构社会资本。

（四）拓展联盟合作模式的合作深度与广度

联盟合作模式是图书馆行业贯彻智慧图书馆战略发展意图，实现智慧转型战略目标的重要工具。为最大限度发挥联盟合作效应，有必要合理拓展智慧图书馆联盟合作深度与广度。

一方面，联盟合作模式应深化至更高级的战略合作。战略合作的本质是组织学习。在合作中获取联盟成员的核心能力，特别是在图书馆技术能力薄弱的情况下，借助联盟内部交流向多种技术型企业学习技术研发与运维知识，是实现智慧图书馆可持续发展的保障。

另一方面，应进一步合理扩大联盟成员的范围。当前联盟合作以东部地区活跃度高。东部地区拥有世界级互联网巨头，具有强大的规模与集聚效应，企业、科研院所、社会机构创新活力足，为智慧图书馆建设提供了丰富的技术、信息、人力和资本等资源。相比之下，中西部地区图书馆在智慧图书馆建设所需的技术创新实力、组织文化、资源禀赋，以及经济基础等方面与东部地区图书馆存在较大差异。中西部地区图书馆应积极参与智慧图书馆联盟，借助联盟合作模式提升智慧图书馆建设能力；东部地区先进图书馆也应发挥引领作用，积极与中西部地区图书馆交流、分享智慧化发展经验，促进行业信任，创造合作机会。随着联盟合作模式深化，也将形成合作效应，吸引更多图书馆与企业加入联盟。

特别地，扩大合作广度并不意味着无限吸纳联盟伙伴，复杂的联盟网络可能会导致信息冗余、沟通不畅，以及机会主义行为等不利情况出现，这就需要充分发挥联盟管理委员会的控制与协调作用。具体来看：一是成员选择，在审核成员入会申请时，须科学评估成员实力、优势和声誉，结合智慧图书馆联盟发展目标、战略规划与实际需求吸纳具有稀缺性和难以替代性的战略型成员，避免联盟体量过大而管理困难；二是信息控制，应致力于促进联盟成员间信息的合理分配和传递，推动成员间进行及时、直观、灵活的沟通，提升问题解决效率；三是行为控制，应通过联盟规则制定、非正式契约等方式明确各成员需承担的任务与作出的贡献，同时约束成员行为，避免机会主义行为破坏联盟关系；四是关系协调，应及时调节合作中暴露的分歧与矛盾，维护平等、尊重、信任的联盟合作氛围。

总之，未来在全国智慧图书馆体系框架下开展智慧图书馆建设合作是趋势。尽管我国图书馆合作已有较多经验，但智慧新情境下图书馆合作需求加大，也面临新的挑战，智慧图书馆建设合作研究具有重要理论与实践意义。

第三章　新技术驱动智慧图书馆建设

第一节　物联网技术与智慧图书馆建设

一、物联网技术简介

(一) 物联网的定义理解

物联网（IoT，Internet of Things）即"万物相连的互联网"，是互联网基础上的延伸和扩展的网络，将各种信息传感设备与网络结合起来而形成的一个巨大网络，实现任何时间、任何地点，人、机、物的互联互通。

物联网是新一代信息技术的重要组成部分，IT行业又叫"泛互联"，意指物物相连，万物万联。由此，物联网就是物物相连的互联网。这有两层意思：第一，物联网的核心和基础仍然是互联网，是在互联网基础上的延伸和扩展的网络；第二，其用户端延伸和扩展到了任何物品与物品之间，进行信息交换和通信。因此，物联网的定义是通过射频识别、红外感应器、全球定位系统、激光扫描器等信息传感设备，按约定的协议，把任何物品与互联网相连接，进行信息交换和通信，以实现对物品的智能化识别、定位、跟踪、监控和管理的一种网络。

(二) 物联网的特征及功能

1. 物联网的特征

从交互对象和过程的角度看，事物与事物之间以及人与事物之间的相互作用是物联网的核心。物联网的基本特点可以总结为整体感知、可靠传输和智能处理。

整体感知：可以利用射频识别、二维码、智能传感器等感知设备，感知获取物体的各类信息。

可靠传输：将互联网与物联网无线网络互相结合，把物品的信息及时、无误地传输，最终达到信息的交流与共享。

智能处理：使用各种智能技术，对感知和传送到的数据、信息进行分析处理，实现监测与控制的智能化。

2. 物联网的功能

根据物联网的以上特征，结合信息科学的观点，围绕信息的流动过程，可以归纳出物联网处理信息的功能。

（1）获取信息的功能。主要是信息的感知、识别，信息的感知是指对事物属性状态及其变化方式的知觉和敏感；信息的识别指能把所感受到的事物状态用一定方式表示出来。

（2）传送信息的功能。主要是信息发送、传输、接收等环节，最后把获取的事物状态信息及其变化的方式，从时间（或空间）上的一点传送到另一点的任务，这就是常说的通信过程。

（3）处理信息的功能。是指信息的加工过程，利用已有的信息或感知的信息产生新的信息，实际是制定决策的过程。

（4）施效信息的功能。指信息最终发挥效用的过程，有很多表现形式，比较重要的是通过调节对象事物的状态及其变换方式，始终使对象处于预先设计的状态。

（三）物联网的基本架构

由于物联网的异构需求，物联网需要一个开放的、可扩展的、分层次的、基础设施网络。物联网的基本结构大概分为三个层次：感知层、传输层和应用层。

1. 感知层

物联网的感知层主要实现对象的数据采集、采集、识别和短距离数据传输。它是物联网发展和应用的基础。目标信息的获取、智能控制和自动识别功能主要体现在感知水平上。传感层应用的主要技术有EPC、射频识别技术和传感器技术。

（1）EPC技术。EPC在全球独一无二的编码对象，并且连接进互联网。编码技术是EPC的核心。此代码可以为单个项目标识。使用RFID系统的读者可以读取EPC标签信息。后台中的实体标记语言服务器，可以根据编码信息来实现物品信息的收集和跟踪，使用中间件中的EPC系统等。EPC利用的是射频识别标签来承载，使用因特网传递信息。EPC旨在为每个单一产品制定全球和公开的标签标准，并在全球范围内跟踪和追踪个别产品。该技术具有独特性、简单性、可扩展性、机密性和安全性等特点。

（2）RFID技术。RFID技术也被称为"射频识别技术"。该技术由读写设备、数据处理设备和 RFID 标签组成。使用射频识别技术可以有效地读取和写入特定的信息，这对于及时跟踪物体并实现物体的高效管理非常有用。由于这个巨大的优势，它可以被广泛使用。在射频识别技术中，所有无线射频识别码都只有一个识别码，因此识别将非常方便，易于实施管理。本世纪初，每个 RFID 标签的价格约为 1 美元。许多研究人员认为，RFID 标签非常昂贵，只能通过降低成本大规模应用。

（3）智能传感器技术。获取物品信息的一种方法是使用传感器网络。在物联网中，传感器网络可以收集信息，并使用各种机制来表示作为电信号的形式获得的信息，由传感器处理，并最终产生相应的动作。传感器和微处理器结合起来提供情报。与信息检测和信息处理功能相结合的传感器是智能传感器。

（4）云计算（云计算），这是增加，使用和提供互联网相关服务的方法。云是互联网和互联网的隐喻。过去，电信网络在画面中通常用云来代表。他们后来被用来代表互联网和其基础设施。云计算可以让你每秒经历 10 万亿次操作。有了这种能力，可以模拟核爆炸、预测气候变化和市场趋势。用户使用电脑，移动电脑和手机访问数据中心，并根据自己的需要进行操作。作为一项新技术，云计算在物联网的建设中发挥着重要功能。云计算实际上是一种增加，使用和提供互联网相关的一种服务。云计算将能够提供方便、可靠的网络服务。云计算的使用将提供极大的丰富性。云计算的优势非常明显：高度可靠、可扩充、低成本和多功能。所谓高可靠性主要是通过使用多数据容错复制和计算节点同构的可互换性来保证的。可扩充性是指可以动态扩充的云规模，可以动态扩充以迎合不同类型客户的要求。这将扩大物联网的应用范围。云计算技术的成本非常低。云计算不需要公司花费昂贵，进行管理和维护。云计算的多功能性实际上可以加大资源使用率。这将有助于用户充分体验云计算的低成本。普适性意味着云计算应用于未指定的对象，因此在"云"支持下，将构建不断变化的程序，甚至"云"将能够支持各式各样的程序。通过这些措施，我们才能真正满足实际需要。

2. 传输层

物联网（物联网）的传输层属于中间层，它介于感知层和应用层中间。传输层的主要用途是将传感层获得的信息精确地运输到下一层，使物联网传输层可以进一步分为接入网、承载网、汇聚网三部分。

（1）汇聚网。ZigBee 通信技术是 250 kbit/s 的一种无线网络。宽带，传输距离可达 1Km，功耗小。蓝牙是支持终端之间近距离无线通信的一种通信方式。它可以在设备之间交换信息，例如手机、掌上电脑、蓝牙耳机和电脑。UWB 系统的特点是简便性强、传输速率低。技术可以简化通信方式，也可以使其与 Internet 之间的相互通信更容易，使数据传输更加便捷。

（2）接入网。物联网有许多访问方法，这些访问方法通过各种网关设备进行集成。使用统一访问通信网络需要不同的访问要求，并完成信息的转发、控制和其他功能。常用的技术主要有 6LoWPAN、M2M 和全 IP 融合架构。

（3）承载网。物联网的建设需要大量的信息交换和传输的无线通信网络，这是不现实的。因此，我们需要使用一种能够根据优化的特点和对象转换为所有类型的信息的通信设施来满足物联网的需求。这种通信设施就是承载网。承载网是一种用于传输和管理数据的基础设施，它能够将各种不同类型的信息进行转换和传输。在物联网中，承载网扮演着至关重要的角色，它连接了各种设备和传感器，实现了设备之间的信息交流和数据共享。

3. 应用层

物联网应用层，它主要组织和收集感官数据，并在物联网中发挥重要作用。云的计算是在网络上的计算分配中使用电脑，使计算机的计算能力具有记忆空间和信息服务功能。物联网业务平台，网址网络服务集中研究、研究系统模型、系统结构等核心技术，也都属于应用层。

二、智慧图书馆中物联网的应用

（一）物联网在智慧图书馆的应用现状分析

智慧图书馆的概念自被提出以后，其界定在学术界从未停歇。国内的研究者有一种观点认为，智慧图书馆是一种综合性的生态系统，是通过物联网等智能感知技术，为用户提供智慧化服务和管理的高级图书馆形态，而数字图书馆和移动图书馆是其发展的基础。

目前物联网技术在图书馆中的应用，以 RFID 关键技术为主且较为成熟。RFID 芯片在图书馆的应用非常广，目前的智慧图书馆建设在硬件方面少不了 RFID 的支持。不管是图书标识、自助借还、智能盘点，还是定位导航，24 小时自助借还书亭，都是 RFID 发挥作用的重要场景。图书馆使用这项技术后，大大提高了图书借还的流通速率，简化了书本出入库的登记流程，使图书馆的运行更加流畅且高效。

目前广泛应用于图书馆的物联网设备，除了关于图书流通的一般业务外，一些图书馆还引入了各项便民增值服务，例如可以购买现冲咖啡饮品的自助贩卖机，让读者在阅读学习之余享受饮品带来的惬意。还有各色自助文印设备，可以让读者复印下所需的图书内容，打印所需的文件，甚至可以扫描文件直接发送到读者的手机，实现了便民服务。

（二）物联网技术在图书馆的应用实践

基于物联网技术的智能设备在生活中的应用越来越广泛，小到钥匙扣大到新能源汽车，生活中无不充实着物联网技术带来的便利。自智能手机普及以来，物联网设备开始与智能手机绑定，功能的实现和使用多依赖于智能手机中的微信小程序或是专用 App，使用者可以通过简单操作手机完成与各类设备的交互，可谓非常具备便利性和可操作性。

如今诸多使用物联网技术的设备应用于各大图书馆的日常运营中，为读者提供全新的借阅体验，并大大提高了图书馆员的工作效率。

1. 上海图书馆——"图小灵"智能机器人

"图小灵"智能机器人是由"阿法迪"提供硬件及技术支持，上海图书馆创作的虚拟形象"图小灵"为面向读者主体，一款集合了引路、咨询、还书、查询等功能为一体的智能机器人。该机器人会在上海图书馆东馆的公共区域巡逻，读者可以通过点击机器人上的触摸屏幕或是直接说出问题和需求，与"图小灵"互动。除了常规的问答功能之外，"图小灵"可以为读者引路至一些预设地点，还可以直接为读者办理还书，将归还的书籍暂存在机器人内部空间，并通知馆员取书入库。电量即将耗尽时"图小灵"会自动前往充电站进行充电，图书馆员也可以主动要求其返回充电，以保证接下来的运行服务。通过该智能机器人，可大大减少图书馆员咨询、引导、接收还书的工作量，并给读者带来了新颖的服务体验。

2. 厦门市图书馆——人脸识别借还系统

人脸识别设备起初应用于高校图书馆的门禁系统，在公共图书馆领域中厦门市图书馆于 2018 年为市民读者开启了便捷的刷脸借还功能，且支持多种绑定认证为一式。读者不仅可以通过厦门市图书馆微信公众平台绑定读者证进行录脸，还可以通过支付宝生活号"借阅宝"厦门市图书馆服务界面，绑定读者证后进行"录脸"。

不同于高校的读者群体仅限于本校师生，公共图书馆对于读者人脸信息的采集管理便利性就有着更高的要求，厦门市图书馆通过微信和支付宝双平台自带的人脸识别系统，结合自己的公众号、生活号完成读者的人脸信息采集和管理，为方便读者刷脸借还图书，为公共图书馆提供了很好的借鉴。

3. 清华大学图书馆——无人驾驶智能小车

2018 年 4 月，清华大学图书馆启用无人驾驶智能小车代替人工完成日常的图书返还任务。除此之外，图书可以不用归还至图书馆，而是能够在读者间直接借还。读者可通过图书馆物联网系统，为借、还同一本文献的读者之间相互定位，推动读者之间就近完成面对面的相互借还。

通过此模式，智慧图书馆突破了"图书馆"这一馆舍主体，将智慧服务扩散至整个校园，使全校的师生能够在学校的各个角落享受到来自图书馆的借还服务，甚至能通过该模式的线下相互借阅，促进师生间的阅读交流和经验分享，创造出一种新的图书馆服务价值。

4. 熊本森林城市广场图书馆——地板机器人"花牛"

2020年6月，日本熊本森林城市中心广场图书馆试行使用地板机器人"花牛"，旨在打造一个"安心图书馆"，"花牛"原被广泛应用于餐饮业，在国内的"海底捞"等餐厅中，也可看见"花牛"机器人被应用于传菜和领位。"花牛"通过配置的感应器感知客人存在，为客人提供向导和对话服务。而其应用于图书馆主要用于书籍运送，通过在馆内往复移动，帮助用户将待还的书籍搭载运送给馆员，或是为读者传递书籍，将餐厅的"传菜"模式移植为"传书"模式，让读者能在座位上下单"点书"。这样不仅能让人与人之间的接触减到最小，防止病毒传染，又能减轻馆员负担，创新图书馆服务体验。

三、基于物联网技术的智慧图书馆建设系统

（一）电子读书证

在一般情况下，用户需要凭借读者证进入图书馆，便于图书管理员的管理。为了有效处理图书馆管理信息，对读者进行高效管理，智慧型图书馆可以使用电子读书证。"电子图书证中包括读者个人身份信息、教育信息、借阅和消费信息等，图书馆利用终端读卡设备，可以监测读者出入图书馆时间、次数、借还图书记录等信息，为每名读者构建信息数据库，便于图书馆相关人员管理信息和分析用户行为。"[①] 当新用户进入智能型图书馆时，需要在服务台输入真实身份信息，图书馆员为新用户建立全新的读者证号码，用户可以通过短信、微信和邮件的方式进行验证。

电子读书证是一张图像，可以储存在手机等移动设备中，节省了制卡的成本和存卡的空间。智能型图书馆的注册一般在网络中进行，读者只需要在图书馆网络上填写注册信息即可，大大简化了操作流程。当读者注册结束后，图书馆员对其进行在线审批，将读者简要信息绘制成图像，发到读者终端设备。电子读书证作为读者出入馆的凭证，有效节省了

---

① 田丽梅，基于物联网的智慧图书馆建设研究 [J]，图书馆学刊，2020，42（10）：101-104.

读者信息认证的时间，提高了图书馆管理效率。

（二）自助借还系统

自助借还系统是智慧型图书馆管理系统中常见的系统之一，其核心技术是射频识别技术、网络传输技术和软件工程技术，物联网技术将上述技术进行整合并应用到自助借还系统。条形码识别和无线射频识别是智慧型图书馆借还系统的常见类型，前者的造价低，抗干扰能力强，但是需要人工操作，后者的造价高，管理人员使用方便。由此，将二者进行综合使用，发挥出条码识别和无线射频识别的优势。射频识别是一种智能电子标签，在上面可以录入产品信息，通过非接触式设备对信息进行采集，便于物品的管理。大型图书馆的藏书量为几十万册至几百万册，图书馆员的工作相当烦琐。管理者需要按照编码内容，对图书进行分类，然后找到相应的书架，再把每一本书放回书架上。将射频识别应用到图书管理和借阅环节，可以大大简化操作流程。当读者使用该系统借还图书时，只需把所有图书平放在机器上，根据提示自助快速完成办理。其操作过程不仅简化了读者办理借还图书的手续，给读者提供了更加舒适、便利、人性化、高质量的服务，也减轻了工作人员的工作量，降低了服务成本，便于图书馆员的工作向藏书整理和咨询辅导方向转变，大大提升图书馆的整体服务能力和水平。射频识别智能图书管理系统及自助借还系统的启用，打破了图书馆原有服务模式，也标志着传统型图书馆向智慧型图书馆的转型。

（三）智能书架系统

为解放图书馆馆员的生产力，提高读者查阅效率，智慧型图书馆引入了智能书架系统，系统的核心技术也是射频识别技术。利用这一技术建立射频库存系统，图书馆员可以轻松找到和确认书籍的位置，有效解决书籍摆放混乱的问题，同时馆员可以进行多本扫描，大大提高整理图书的效率。每一个书架和藏书上都装有射频码，利用终端读写设备就可以获取图书的具体信息，定位图书在书架上的位置。读者利用智能书架系统可以对所需书籍进行定位，节省查找图书的时间。

智能书架系统一般分为信息采集、数据服务和读者服务三个模块，其中读者服务模块又分为借书和还书两个环节。每个安装智能书架系统书架的侧面都有两个电子屏幕，一个是供借书者查询的触摸屏，另一个是为还书者指路的感应屏。在用于查询的触摸屏上，读者可以输入题名、作者等书目信息精准获取详细的3D路线导向图。读者可根据引导快速找到所需图书。为配合智能书架的使用，图书馆所有的图书背面全部重新贴上了电子标签，上面标明了该书的位置在第几排第几列，读者可以根据这一提示将书本放回原处。由于书库的书架较多，不便于读者的查阅，针对这一问题，图书馆可以在书库安置一台射频读写机器，当读者刷书背面的电子标签时，这本书所属智能书架的侧面感应屏就会闪烁，并显示书名等信息，让读者快捷地找到还书的位置。

（四）用户行为分析

在互联网和大数据技术的支持下，智慧型图书馆可以分析用户的行为数据，包括用户检索信息、借阅书目信息、下载资源信息等，以此进一步了解读者用户的阅读需求，便于图书馆管理人员的图书资源分配，为读者带来个性化服务。智慧型图书馆管理系统根据读者数据记录，了解其访问、离开、借阅和下载等信息，以此分析读者的借阅习惯。为深入了解读者的行为信息，智慧型图书馆需要基于大数据和物联网，在科学技术的引导下，给读者带来针对性的读书体验。

物联网技术有效促进了智慧型图书馆的建设，图书馆应该发挥物联网技术的优势，建立智能借还系统、智能书架系统等，可依托读者需求和行为数据，为用户提供更具针对性、更加精准的阅读服务，大大提高图书馆的管理效能和服务效能。智慧图书馆建设是现代化图书馆事业的发展方向。

四、基于物联网技术的智慧图书馆发展策略

（一）严格把控成本，落实目标

物联网技术要全面应用于智慧图书馆，投入成本是首先需要考虑的因素。从设备的采购安装到全馆网络系统的搭建再到后续的运维保障，都需要投入大量资金。以各图书馆都在使用的 RFID 图书标签为例，即使每张 RFID 图书标签的价格不到一元，但图书馆拥有数以万计的文献资源，再加上前期要搭建专用的配套系统，进行相关人员的培训等事项，就需要花费相当巨大的成本。

从内部控制的角度来说，图书馆应该把控好成本和效益的平衡。因为事业单位与企业不同，运营目标大都不是盈利。由于缺少了利益导向，工作的重心就不在于增加收入而在于减少不必要的支出，所以对于一些只为了博人眼球，实际无法提升图书馆服务水平的设备项目采购，应该严格控制。

（二）务实创新，有效解决问题

智慧图书馆建设的目标不应该是追求华丽的效果，智能设备充盈的表面，一味将高端

设备和技术堆砌起来，或是将其他行业已经非常常见的技术盲目引入图书馆中争做"首创"来引人注目。最终应该达成的目标之一，是依靠科技手段提升服务运行效率，将原本烦琐的人力完成的工作转由计算机完成，或是将原先需要当面传递的资料、信息转为线上传输，从而使图书馆的服务流程更加简便高效，体现"智慧"。

科技无论怎么样发展，最重要的还是能够为使用人提供便利。智慧图书馆的建设同样也要符合前来读者的使用需要，不能因为发展而为读者制造麻烦。正如扫码支付不能完全取代现金支付，餐饮业中扫码点单不能完全替代纸质点菜单，传统的服务需要被适当保留。对于不擅长使用智能手机的人群，我们需要把握好现代和传统服务间的平衡，让智能设备在人性化的制度下运行，让智慧图书馆更具备人情的温暖。

（三）适应环境变化，保障安全

读者作为图书馆的服务对象，图书馆无论怎样发展都要将读者的安全作为首要考量因素，安全可以分为健康安全和隐私安全。同样在这个大数据发达的信息化环境下，物联网中保存有庞大的数据信息，其中更有大量用户信息。在传统图书馆的运营中，读者办证、注册、微信扫码等活动都会留下个人信息。智慧图书馆中新增物联网设备的应用更大大增加了读者提供个人信息的使用场景，从使用前的注册个人信息，到使用过程中的使用记录、支付记录等都关系到读者的个人隐私，为此，需要图书馆在保护读者隐私上更加尽职尽责，做好信息预防泄露工作，为读者提供更安全放心的图书馆阅读体验。

总之，智慧图书馆建设作为当代图书馆发展的主要方向，需要打破保守观念，以发展、多元、动态的思维寻求适合本地图书馆的创新发展道路，旨在做到科技创新、服务创新、制度创新，为来自各地的读者提供更加良好的阅读生活体验，为我国的精神文化发展建设做好保障。物联网技术的发展和普及为智慧图书馆建设提供了良好的技术支撑，且正良好服务于图书馆工作，相信将来越来越多高新技术的产生，将为智慧图书馆建设带来更多的生机。

第二节　大数据技术与智慧图书馆建设

随着互联网的飞速发展，在科技信息迅速发展的新时代，智能技术在日常生活工作中变得越来越普遍，智慧图书馆也逐渐走进人们的生活，被社会大众所认可。智慧图书馆正成为图书馆学术界研究的一个热点，在大数据时代下，大数据普及应用对图书馆网站建设带来新挑战。因此，图书馆工作人员要对大数据时代的智慧图书馆管理以及维护进行思考，制定出具有前瞻性的发展战略和方法，加速实现中国智慧图书馆的建设步伐。

一、大数据时代的发展背景及内涵

（一）大数据时代的发展背景

人类社会信息科技的发展为大数据时代的到来提供了技术支撑，而数据产生方式的变革是促进大数据时代到来至关重要的因素。

1. 信息科技提供技术

信息科技需要解决信息存储、信息传输和信息处理三个核心问题，人类社会在信息科技领域的不断进步，为大数据时代的到来提供了技术支撑。

（1）存储设备容量不断增加。

数据被存储在磁盘、磁带、光盘、闪存等各种类型的存储介质中，随着科学技术的不断进步，存储设备的制造工艺不断升级，容量大幅增加，速度不断提升，价格却在不断下降。早期的存储设备容量小、价格高、体积大，而高性能的硬盘存储设备，不仅提供了海量的存储空间，同时大大降低了数据存储成本。

与此同时，以闪存为代表的新型存储介质，也开始得到大规模的普及和应用。闪存是一种新兴的半导体存储器，逐渐在计算机存储产品市场中确立了自己的重要地位。闪存是一种非易失性存储器，即使发生断电也不会丢失数据；因此，可以作为永久性存储设备，它具有体积小、质量轻、能耗低、抗震性好等优良特性。闪存芯片可以被封装制作成卡、盘和固态盘等各种存储产品，卡和盘主要用于个人数据存储，固态盘则越来越多地应用于企业级数据存储。

总体而言，数据量和存储设备容量二者之间是相辅相成、互相促进的。一方面，随着数据的不断产生，需要存储的数据量不断增加，对存储设备的容量提出了更高要求，促使存储设备生产商制造更大容量的产品满足市场需求；另一方面，更大容量的存储设备进一步加快了数据量增长的速度，在存储设备价格高企的年代，由于考虑到成本问题，一些不必要或当前不能明显体现价值的数据往往会被丢弃。但是，随着单位存储空间价格的不断降低，人们开始倾向于把更多数据保存起来，以期在未来某个时刻可以用更先进的数据分析工具从中挖掘价值。

（2）处理能力大幅提升。

处理速度的不断提升也是促使数据量不断增加的重要因素。性能不断提升，大大提高了处理数据的能力，使得人们可以更快地处理不断累积的海量数据。从 20 世纪 80 年代至今，科学的制造工艺不断提升，晶体管数量不断增加，运行频率不断提高，核心数量逐渐增多，而同等价格所能获得的处理能力也呈几何级数上升。

（3）网络带宽不断增加。

1977 年，世界上第一条光纤通信系统在美国芝加哥市投入商用，从此人类社会的信息传输速度不断被刷新。进入 21 世纪，世界各国更是纷纷加大宽带网络建设力度，不断扩大网络覆盖范围和传输速度。与此同时，移动通信宽带网络迅速发展，网络基本普及，网络覆盖范围不断加大，各种终端设备可以随时随地传输数据。大数据时代，信息传输不再遭遇网络发展初期的瓶颈和制约。

2. 数据产生方式的变革

数据是人们通过观察、实验或计算得出的结果。数据和信息是两个不同的概念。信息是较为宏观的概念，它由数据的有序排列组合而成，传达给读者某个概念方法等；数据是构成信息的基本单位，数据有很多种，比如数字、文字、图像和声音等。随着人类社会信息化进程的加快，在日常生产和生活中每天都会产生大量的数据，比如商业网站、政务系统、零售系统、办公系统、自动化生产系统等，每时每刻都在不断产生数据。

数据已经渗透到当今每一个行业和业务职能领域，成为重要的生产因素，从创新到所有决策，数据推动着企业的发展，并使得各级组织的运营更为高效，可以这样说，数据将成为每个企业获取核心竞争力的关键要素。数据资源已经和物质资源、人力资源一样成为国家的重要战略资源，影响着国家和社会的安全、稳定与发展。因此，数据也被称为"未来的石油"。

数据产生方式的变革，是促成大数据时代来临的重要因素。总体而言，人类社会的数据产生方式大致经历了三个阶段：运营式系统阶段、用户原创内容阶段和感知式系统阶段。

（1）运营式系统阶段。人类社会最早大规模管理和使用数据，是从数据库的诞生开始的。大型零售超市销售系统、银行交易系统、股市交易系统、医院医疗系统、企业客户管理系统等大量运营式系统，都是建立在数据库基础之上的，数据库中保存了大量结构化的企业关键信息，用来满足企业各种业务需求。在这个阶段，数据的产生方式是被动的，只有当实际的企业业务发生时，才会产生新的记录并存入数据库。

（2）用户原创内容阶段。大量上网用户本身就是内容的生成者，尤其是随着移动互联网和智能手机终端的普及，人们更是可以随时随地使用手机发微博、传照片，数据量开始急剧增加。

（3）感知式系统阶段。物联网的发展最终导致了人类社会数据量的第三次跃升。物联网中包含大量传感器，如温度传感器、湿度传感器、压力传感器、位移传感器、光电传感器等，此外，视频监控摄像头也是物联网的重要组成部分。物联网中的这些设备，每时每刻都在自动产生大量数据，物联网中的自动数据产生方式，将在短时间内生成更密集、更大量的数据，使得人类社会迅速步入"大数据时代"。

（二）大数据时代的内涵特征

随着大数据时代的到来，"大数据"已经成为互联网信息技术行业的流行词汇。关于"什么是大数据"这个问题，大家比较认可关于大数据的"4V"说法。大数据的4个"V"，或者说是大数据的4个特点，包含4个层面：数据量大（Volume），数据类型繁多（Variety），处理速度快（Velocity）和价值密度低（Value）。

1. 数据量大

人类进入信息社会以后，数据以自然方式增长，其产生不以人的意志为转移。随着Web2.0和移动互联网的快速发展，人们已经可以随时随地、随心所欲发布包括博客、微博、微信等在内的各种信息。以后，随着物联网的推广和普及，各种传感器和摄像头将遍布人们工作和生活的各个角落，这些设备每时每刻都在自动产生大量数据。

综上所述，人类社会正经历第二次"数据爆炸"（如果把印刷在纸上的文字和图形也看作数据的话，那么人类历史上第一次"数据爆炸"发生在造纸术和印刷术发明的时期）。各种数据产生速度之快，产生数量之大，已经远远超出人类可以控制的范围，"数据爆炸"成为大数据时代的鲜明特征。

2. 数据类型繁多

大数据的数据来源众多，科学研究、企业应用和Web应用等都在源源不断地生成新的数据。生物大数据、交通大数据、医疗大数据、电信大数据、电力大数据、金融大数据等都呈现出"井喷式"增长，所涉及的数量十分巨大，已经从TB级别跃升到PB级别。

大数据的数据类型丰富，包括结构化数据和非结构化数据，其中，前者占10%左右，主要是指存储在关系数据库中的数据；后者占90%左右，种类繁多，主要包括邮件、音频、视频、微信、微博、位置信息、链接信息、手机呼叫信息、网络日志等。

如此类型繁多的异构数据，对数据处理和分析技术提出了新的挑战，也带来了新的机遇。传统数据主要存储在关系数据库中，但是，在类似Web2.0等应用领域中，越来越多的数据开始被存储在非关系型数据库（Not Only SQL，NoSQL）中，这就必然要求在集成的过程中进行数据转换，而这种转换的过程是非常复杂和难以管理的。传统的联机分析处理（On-Line Analytical Processing，OLAP）和商务智能工具大都面向结构化数据，而在大数据时代，用户友好的、支持非结构化数据分析的商业软件，也将迎来广阔的市场空间。

3. 处理速度快

大数据时代的很多应用都需要基于快速生成的数据给出实时分析结果，用于指导生产和生活实践。因此，数据处理和分析的速度通常要达到秒级响应，这一点和传统的数据挖掘技术有着本质的不同，后者通常不要求给出实时分析结果。

为了实现快速分析海量数据的目的，新兴的大数据分析技术通常采用集群处理和独特的内部设计。以谷歌公司的 Dremel 为例，它是一种可扩展的、交互式的实时查询系统，用于只读嵌套数据的分析，通过结合多级树状执行过程和列式数据结构，它能做到几秒内完成对万亿张表的聚合查询，系统可以扩展到成千上万的 CPU 上，满足谷歌上万用户操作 PB 级数据的需求，并且可以在 2～3s 内完成 PB 级别数据的查询。

4. 价值密度低

大数据虽然看起来很美，但是价值密度却远远低于传统关系数据库中已经有的那些数据。在大数据时代，很多有价值的信息都是分散在海量数据中的。以小区监控视频为例，如果没有意外事件发生，连续不断产生的数据都是没有任何价值的，当发生偷盗等意外情况时，也只有记录了事件过程的那一小段视频是有价值的。但是，为了能够获得发生偷盗等意外情况时的那一段宝贵视频，人们不得不投入大量资金购买监控设备、网络设备、存储设备，耗费大量的电能和存储空间，来保存摄像头连续不断传来的监控数据。

如果这个实例还不够典型的话，那么可以想象另一个更大的场景。假设一个电子商务网站希望通过微博数据进行有针对性的营销，为了实现这个目的，就必须构建一个能存储和分析新浪微博数据的大数据平台，使之能够根据用户微博内容进行有针对性的商品需求趋势预测。愿景很美好，但是现实代价很大，可能需要耗费几百万元构建整个大数据团队和平台，而最终带来的企业销售利润增加额可能会比投入低许多。从这点来说，大数据的价值密度是较低的。

（三）大数据与传统数据的区别

大数据是在传统数据库学科分支的基础上进一步发展起来的，但两者在数据存储、数据分析、数据处理规模上都有所不同。下面从数据思维、数据处理以及数据分析三方面来介绍两者的不同。

1. 数据思维

大数据思维与传统数据思维有着很大的差别。传统的数据思维针对一个问题往往是命题假设型的，并通过演绎推理来证明自己的假设是否正确。这种思维方式一般要预先设定好主题，通过建立数据模型和元数据来描述问题。同时，需要理顺逻辑，理解因果关系，并设计算法来得出接近现实的结论。而大数据思维在定义问题时，没有预制的假设，而是使用归纳推理的方法，从部分到整体地进行观察描述，通过问题存在的环境观察和解释现象，从而起到预测效果。

2. 数据处理

传统的数据处理主要以面向结构化数据和事务处理的关系型数据库为主，通过定向的批处理过程长时间地对数据进行提取、转换和加载等处理，处理后的数据是容易理解的、清洗过的，并符合业务的元数据。而大数据处理技术具备结构化、半结构化和非结构化数据混合处理的能力，主要针对半结构化和非结构化数据。这意味着不能保证输入的数据是完整的、清洗过的和没有任何错误的。这使大数据处理技术更有挑战性，但同时它提供了在数据中获得更多洞察力的范围。

3. 数据分析

传统的数据分析通过数据抽样并不断改进抽样的方式来提高样本的精确性，它往往关注的是"为什么"的因果关系，分析算法比较复杂，通常用多个变量的方程来追求数据之间的精确关系。而大数据分析对象是全体数据，它往往关注的是"是什么"的相关性关系，从海量数据中分析出人类不易感知的关联性，通常用简单的算法实现规律性的分析。

二、大数据时代的智慧图书馆建设形态

（一）互联网图书馆

1. 建设难点

互联网图书馆的建设中，主要难点是大数据时代信息更新速度非常快，互联网图书馆的建设已经初具规模，给读者带来了方便，广受好评。然而互联网图书馆中的书籍更新速度比较慢，常常因为书籍更新速度而失去了很多读者；另外，网络书籍质量参差不齐，很多电子书籍和网络小说过于低俗，影响了大众对互联网图书馆的评价。

2. 建设要点

互联网图书馆建设要保证馆内图书及时更新、图书检索方便、图书的库存量大。

（1）互联网图书馆内图书及时更新，让图书保持新鲜的血液，才能够吸引住年轻的读者。互联网图书馆的读者主要是 20 世纪八九十年代出生的青年人，这些读者具有很强的时代感，及时更新书籍非常重要，此处需要注意的是图书的数量和质量，避免劣质电子图书流入网络图书馆。

（2）互联网图书馆的检索要尽可能方便。传统的图书检索非常细致，这样确实能够准确找到目标图书，但是操作非常繁琐。所以，互联网图书馆的建设要实现模糊检索法的高效化，模糊检索能够提取相关图书信息，然后再根据检索到的图书作者或者时间或者题目相似度等信息来进一步分类，最终有利于读者筛选出需要的信息。

（3）互联网的图书库存量大。互联网的容量非常大，对于藏书要做到藏古纳今，互联网藏书量之大是任何实体书店都无法企及的。

（4）互联网图书馆建设要建立健全经营管理制度，要将互联网图书馆的版权问题和使用权限等纳入法律视线中，一旦发生问题纠纷，要通过法律手段来进行制裁。互联网图书馆能够为读者提供知识资源，同时也容易为不法分子所利用。在全面依法治国背景下，要在互联网图书馆建设的过程中同步完善管理工作。

3. 智慧体现

互联网图书馆的智慧体现在图书分类明确、图书检索方便、图书浏览具有记忆功能、可以向读者进行智能推送。

第一，大数据时代，电子计算机处理信息的速度非常快，要借此实现分类明确，从而提升查阅图书信息的效率。

第二，要提供检索的方便性，检索是阅读的前奏，前奏越短越好，智慧就是快速解决问题。

第三，要对读者的阅读喜好进行分析，及时为读者提供相似度较高书籍，为读者的书籍选择提供有效参考。互联网图书馆受到大数据时代的影响最为明显，为了保证互联网图书馆信息的先进性，在经营管理中要与时俱进。

（二）高效图书馆

1. 建设难点

高效图书馆建设的难点是图书馆应用效率受到很多因素影响。对于大众化的图书，检索中的速度非常快，对于网络图书的更新非常及时，这些都实现了高效。然而，高效图书馆对于科学研究等相关领域的图书更新比较慢、对于出版的纸媒图书对应的电子版图书上架速度有待提高。图书馆中书籍的阅读使用 Office 软件复制存在权限问题，使图书馆的高效特征难实现。

2. 建设要点

第一，要将图书馆与中国知网和维普等科研网络联合在一起，从而方便科研工作人员高效利用智慧图书馆中的资源。当下图书馆自动进行分类，比如小说网、诗歌散文网、科研技术网等，这种分类方式确实让不同类型的书籍检索更加细致，但需要读者申请多个网络图书馆的账号。一般情况下，人的读书兴趣非常广泛，需要智慧图书馆发挥高效的作用，将这些数字图书馆资源整合到一起，从而实现一号在手，无限拥有。

第二，要最大限度实现纸媒图书对应的电子图书及时在智慧图书馆上架，尽管大数据时代大众对网络书籍的阅读倾向性比较大，但是仍然有一部分读者习惯阅读纸媒书籍。高效图书馆需要将馆内电子图书的对应市售情况进行告知，从而有利于读者购书。

第三，要合理处理图书资源的使用权限问题。网络图书馆资源丰富，直接进行阅读没有任何问题，然而有一些不法书商，复制粘贴各类书籍，然后自行发售，所以，要处理好下载或者复制权限问题，避免此类问题发生。

第四，要对高效图书馆的管理工作进行研究和改革。大数据时代，人民的生活节奏加快，解决问题的速度也要提升，快速的工作效率源于科学的工作方法，对于高效图书馆而言就是要有严密的管理制度。高效图书馆涉及的图书馆网络平台、读者、电商等多个方面，需要高质量和高效率的多方协作。

3. 智慧体现

高效图书馆的智慧性体现在能够为科研读者提供相近的参考文献、提供相关的阅读软件、将电子图书对应的纸媒图书发售情况进行简介、根据读者鼠标在页面上的行为推出复制和保存以及笔记等服务。人的时间和精力是有限的，但是书籍的数量是无限的，大数据时代书籍出版发行速度更是惊人。智慧图书馆就是要将读者的思想快速转换成现实，高效图书馆的效率是大数据时代得以生存的根本，所以高效图书馆要随着大数据升级而同步优化。

（三）便利图书馆

1. 建设难点

便利图书馆具有双重功用，这也是其建设难点的成因。

（1）便利图书馆是实体书店，任何读者都可以进入图书馆进行阅读，这会对书籍的破损和借阅时间等产生影响。

(2) 便利书店是大数据智慧图书馆的有机组成部分，对英汉大辞典和限量版名著等书籍，在智慧图书馆上会有书籍在便利图书馆的馆藏标记。也就是说便利图书馆是智慧图书馆的实体店，便利图书馆的建设难点主要在于管理，当网络读者在智慧图书馆查阅到目标书籍对应的便利图书馆并找到这本书的时候，这本书可能正在被其他读者阅读，这就出现了读者之间的矛盾，本质上是智慧图书馆网络管理与实体店管理之间的矛盾。

2. 建设要点

(1) 便利图书馆的自身图书管理问题。电子图书管理可以运用软件管理，非常方便，但是便利图书馆的管理是实体书店管理，这在管理方面就有一定的困难。通常情况下，便利图书馆的阅读时间是 24 小时开放，这就需要有专业的服务人员进行管理，或者提供安保和防盗措施来实现无人看管。

(2) 便利图书馆与智慧图书馆的书籍协同管理问题。智慧图书馆的图书被借阅时，要将读者的信息和联系方式反馈在网络上面，从而便于网络读者的预定阅读活动。便利图书馆可以考虑图书阅读的预定机制，即在阅读前要在电脑上填写自己的阅读时间。便利图书馆的书籍不允许外带，阅读时间以 1 小时为限制，这样，网络图书馆中的读者可以了解到目标图书在便利图书馆的阅读情况。

(3) 便利图书馆要有图书收集功能，社会的图书捐赠要有人受理，及时处理并上架，同时将便利图书馆的信息反馈到智慧图书馆的网络管理工作中。智慧图书馆的构建目的是丰富大众的精神文化生活，便利图书馆要接受社会捐赠的图书，定期将图书的上架情况发布到网上供网络读者参考。

(4) 便利图书馆的建设需要有完善的图书馆管理制度和管理结构。便利图书馆主要是以自助式为主，这种隐形的管理需要很高的技术含量：一是监控，要对图书馆往来的读者行为进行录像，从而避免图书的盗窃行为；二是门禁，便利图书馆的进出要以身份证来刷卡进入，这样可以提升读者在图书馆的自律性。

3. 智慧体现

便利图书馆的智慧主要体现在为读者提供书籍的借阅情况，将捐赠图书的信息及时反馈到网络管理处，便利图书馆 24 小时开放以供读者阅读。便利图书馆实现网络图书和实体图书的交替和互补，切实满足了读者对不同阅读方式的需求，体现出了智慧图书馆的智慧特性。便利图书随着大数据时代的到来而凸显出纸质阅读的可贵，也会渐渐成为一种时尚。便利图书馆的读者数量也会呈现增长趋势，所以便利图书馆的智慧性也需要根据实际经营状况而不断调整策略。

(四) 掌上图书馆

1. 建设难点

掌上图书馆建设的主要难点是实现个性化服务的精细化。掌上图书馆软件数量比较多，风格各异，但是提供的个性化服务还是比较粗糙，个性化服务的项目也比较有限。掌上图书馆伴随着智能手机终端和 IPAD 而更加流行，读者对掌上图书馆的服务质量要求也越来越高。

2. 建设要点

(1) 掌上图书馆的客户基本信息要详细。掌上图书馆主要是提供个性化服务的，需要对读者的喜好有详细了解，从而在后台统计其相关书籍。所以，要将掌上图书馆读者的个人信息进行详细登记。

(2) 掌上图书馆提供的服务要多样化，不仅要对读者的阅读兴趣进行了解以及时推送相关的书籍，还要提供这些书籍的价钱和线下销售情况。

(3) 掌上图书馆的服务要实现精细化。就图书推送而言，既要将相关主题的作品进行推送，又要将同一个作者的书籍信息进行整理推送，最优目标是这些信息可以通过点击文字直接链接到相关读物。

(4) 掌上图书馆的建设要提升服务质量。掌上图书馆是大众与智慧图书馆直接联系的终端服务软件。为了不断优化服务质量，要在掌上图书馆上设立 QQ、微信和电话等沟通平台，及时解决读者阅读中遇到的问题。智慧图书馆的建立，需要不断优化服务与人的思想契合程度。掌上图书馆的人工服务直接解决读者问题，间接实现对图书馆智慧服务内容的调研。

3. 智慧体现

掌上图书馆的智慧主要体现在随心所欲和秘书似的问题处理方案。例如读者在阅读界面上输入关键词，找到了一本书籍，阅读非常满意，对书籍的作者非常感兴趣。此时，就可以通过链接找到作者的其他书籍。如果想要购买，点击相关按钮就可以弹出书籍的售卖信息。接下来就分为两个方向：一个是读者自行购买时的交通示意图，这个可以与百度地图和谷歌地图以及滴滴打车等联系在一起；另一个是读者需要网上购买，这时就要弹出一个类似淘宝平台的界面，输入读者的地址、购买数量以及支付方式。掌上图书馆的智慧体现是全程性的阅读服务。然而，大众对智慧图书馆的服务需求会随着生活境况的改变而改变,大数据时代对大众生活方式的影响非常大,所以掌上图书馆的智慧性特征也要与时俱进,不断进行优化和完善。

综上所述,大数据时代,可读的信息增加,互联网也让各种图书触手可得,在这种读书热情和客观的便利读书条件下,要大力发展智慧图书馆,为国民提供高品质的阅读环境。由于信息技术升级换代非常快,电子产品的更新频率高。所以智慧图书馆建成之后的维护工作量也非常大,需要随着大数据时代的变化而不断优化升级更新。

第三节 人工智能技术与智慧图书馆建设

随着信息技术的不断发展,我国在人工智能领域取得了一定的研究成果,并且已经开始将人工智能技术应用于社会生产与生活的各个方面。而智慧图书馆则是当前较为新型的图书馆管理方式,与传统的图书馆管理方式存在着较大差异,能够更好地满足人们对图书借阅等的需求。

一、人工智能技术简介

(一)人工智能的概念及核心能力

虽然人工智能技术在近几年取得了高速的发展,但要给人工智能下个准确的定义并不容易。一般认为,"人工智能是研究、开发用于模拟、延伸和扩展人的智能的理论、方法、技术及应用系统的一门新的技术科学。人们希望通过对人工智能的研究,能将它用于模拟和扩展人的智能,辅助甚至代替人们实现多种功能,包括识别、认知、分析、决策等。"[①]

人工智能的目标是能够胜任一些通常需要人类智能才能完成的复杂工作,帮助人类以更高效的方式进行思考与决策,其核心能力体现在以下三个层面。

一是计算智能。机器可以拥有超级的记忆能力和超级快速的运算能力,在庞大的数据中进行深度学习和知识积累,在以往的经验中得到感悟,并应用于当前环境。例如,"阿尔法狗"利用增强学习技术,借助价值网络与策略网络这两种深度神经网络,完胜世界围棋冠军。

[①] 王璐欢,亓伟.人工智能与机器人技术应用初级教程 e.Do 教育机器人[M].哈尔滨:哈尔滨工业大学出版社,2020:3.

二是感知智能。使机器具备视觉、听觉、触觉等感知能力，将前端非结构化数据进行结构化，并以人类的沟通方式与用户进行互动。例如，近些年兴起的无人驾驶汽车通过各种传感器对周围环境进行处理，从而有效地对障碍物、汽车或骑行者作出迅速避让。

三是认知智能。使系统或是机器像人类大脑一样"能理解，会思考"，通过生成假设技术，实现以多种方式推理和预测结果。

不过，对人工智能的现有能力不宜过分夸大，人工智能也不能视同是对人脑的"模拟"，因为人脑的工作机制至今还是个黑箱，无法模拟。阿尔法狗战胜柯洁，源自机器庞大而高速的计算能力，通过统计抽样模拟棋手每一着下法的可能性，从而找到制胜的招数，并不是真的学会了模拟人类大脑来思考。尽管人在计算能力方面被人工智能远远抛在后面，但当前的人工智能系统仍然远不具有人拥有的看似一般的智能。人类级别的人工智能，即"强人工智能"或"通用人工智能"目前更不存在。

（二）人工智能的产生与发展

1. 人工智能的诞生

当前人工智能异常火热，但事实上人工智能并非一个新的研究领域，它诞生于 20 世纪 50 年代。如果我们排除了从古希腊到霍布斯、莱布尼茨和 Pascal 的纯哲学推理路径，人工智能领域的研究正式开始于 1956 年在达特茅斯学院所举行的一次会议。这是一次头脑风暴式的讨论会，这 10 位年轻的学者讨论的是当时计算机尚未解决，甚至尚未开展研究的问题，包括人工智能、自然语言处理和神经网络等。

这次会议距阿西莫夫提出机器人三定律仅有数年，更贴切地说，是召开在 1950 年图灵那篇著名的论文发表之后。图灵的论文中首次提出了有思维的机器的概念，和更被人们所接受的图灵测试，用于评估这样的机器是否真正体现了智能的特性。达特茅斯学院的研究小组公开发布在夏季会议上产生的内容和想法，吸引了一些政府资金来支持非生物智能的创新研究。

2. 人工智能发展的阶段

随着人类和社会的进一步发展，人们思考并制造能帮助和代替人类完成脑力劳动的智能机器也就成为历史的必然，人工智能正是这一必然的直接产物。人工智能是用机器模拟、延伸和扩展人类的智能。它是一门在多学科基础上发展起来的综合性极强的边缘学科。

人工智能这个术语自 1956 年正式提出，其产生与发展大致经历了以下阶段。

第一阶段：人工智能的孕育期（1956年以前）。人类很早就有用机器代替脑力劳动的幻想。我国早在公元前900多年就有歌舞机器人流传的记载，古希腊到公元前850年也有制造机器人帮助人们劳动的神话传说。世界上很多国家的著名科学家创立了数理逻辑、自动机理论、控制论和信息论等，这些都为人工智能的产生奠定了重要基础。

第二阶段：人工智能的形成期（1956年—1970年）。人工智能是在十位来自美国在数学、神经学、心理学、信息科学和计算机科学方面有着杰出表现的科学家的一次学术研讨会中诞生的，他们讨论了用机器模拟人类智能的有关问题，正式采用了"AI（Artificial Intelligence）"这一术语，人工智能就是在这个时候诞生的。自此以后，人工智能在多个领域取得了重大突破，诸多科学家取得了一系列研究成果。人工智能作为一门独立学科得到了国际学术界的认可。

第三阶段：人工智能的低潮时期（1966年—1973年）。一些人工智能专家被连续取得的成就冲昏了头脑，过于乐观。但随后人工智能在博弈、定理证明、问题求解、机器翻译、神经生理学等诸多不同领域遇到了各种各样的问题，开始受到社会各界的怀疑甚至是批评。甚至一些地方的人工智能研究经费被削减、机构被解散，全世界范围内的人工智能研究都掉入低谷。

第四阶段：基于知识的系统（1969年—1988年）。一大批人工智能学者没有退缩，面对困难和挫折他们仍潜心研究，在反思中认真总结前一阶段研究工作的经验教训，开辟出一条以知识为中心、面向应用开发的新道路。专家系统（Expert System，ES）能利用储备的大量专门知识解决特定领域中的问题，使人工智能不只是停留在理论研究阶段。这期间出现了很多有名的专家系统，如化学专家系统 DENDRAL、用于细菌感染患者的诊断和治疗的 MYCIN 专家系统、地质勘探专家系统 PROSPECTOR、数学专家系统 MACSYMA、用于青光眼诊断和治疗的专家系统 CASNET 等。不但如此，与专家系统同时发展的重要领域还有计算机视觉和机器人，自然语言理解与机器翻译等；知识表示、不精确推理、人工智能语言等方面也取得了重大突破。但专家系统也存在一些问题，为此需要走综合集成发展的道路。

第五阶段：综合集成期（20世纪80年代末至今）。多技术、多方法的综合集成与多学科、多领域的综合应用，是这一阶段专家系统的发展方向。

3. 人工智能的学派发展

人工智能是用计算机模拟人脑的学科，因此模拟人脑成为它的主要研究内容。但由于人类对人脑的了解太少了，对人脑的研究也极复杂，目前人工智能学者对它的研究是通过模拟方法按三个不同角度与层次对其进行探究，从而形成三种学派：首先，从人脑内部生物结构角度的研究所形成的学派,称为"结构主义或连接主义学派",其典型的研究代表是人工神经网络;其次,从人脑思维活动形式表示的角度的研究所形成的学派,称为"连接主义学派",其典型的研究代表是形式逻辑推理;最后,从人脑活动所产生的外部行为角度的研究所形成的学派,称为"行为主义学派",其典型的研究代表是 Agent。

(1) 符号主义学派。

符号主义又称"逻辑主义""心理学派"或"计算机学派",其主要思想是从人脑思维活动形式化表示角度研究探索人的思维活动规律。它是亚里士多德所研究形式逻辑以及其后所出现的数理逻辑,又称"符号逻辑"。而应用这种符号逻辑的方法研究人脑功能的学派就称"符号主义学派"。

在 20 世纪 40 年代中后期出现了数字电子计算机,这种机器结构的理论基础也是符号逻辑,因此从人工智能观点看,人脑思维功能与计算机工作结构方式具有相同的理论基础,即都是符号逻辑。故而符号主义学派在人工智能诞生初期就被广泛应用。推而广之,凡是用抽象化、符号化形式研究人工智能的都称为"符号主义学派"。

总体来看,符号主义学派即是以符号化形式为特征的研究方法,它在知识表示中的谓词逻辑表示、产生式表示、知识图谱表示中,以及基于这些知识表示的演绎性推理中都起到了关键性指导作用。

(2) 连接主义学派。

连接主义又称"仿生学派"或"生理学派",其主要思想是从人脑神经生理学结构角度研究探索人类智能活动规律。从神经生理学的观点看,人类智能活动都出自大脑,而大脑的基本结构单元是神经元,整个大脑智能活动是相互连接的神经元间的竞争与协调结果,他们组织成一个网络,称为"神经网络"。连接主义学派认为,研究人工智能的最佳方法是模仿神经网络的原理构造一个模型,称为"人工神经网络模型",以此模型为基点开展对人工智能的研究。

有关连接主义学派的研究工作,早在人工智能出现前的 20 世纪 40 年代的仿生学理论中就有很多研究,并基于神经网络构造出世界上首个人工神经网络模型——MP 模型,自此以后,对此方面的研究成果不断出现,直至 20 世纪 70 年代。但在此阶段由于受模型结构及计算机模拟技术等多个方面的限制而进展不大。直到 20 世纪 80 年代 Hopfield 模型的出现,以及相继的反向传播 BP 模型的出现,人工神经网络的研究又开始走上发展道路。

2012 年对连接主义学派而言是具有划时代意义的一年,具有多层结构模型——卷积神经网络模型与当时正兴起的大数据技术,再加上飞速发展的计算机新技术三者的有机结合,使它成为人工智能第三次高潮的主要技术手段。

连接主义学派的主要研究特点是将人工神经网络与数据相结合，实现对数据的归纳学习从而达到发现知识的目的。

（3）行为主义学派。

行为主义又称"进化主义"或"控制论学派"，其主要思想是从人脑智能活动所产生的外部表现行为角度研究探索人类智能活动规律。这种行为的特征可用感知-动作模型表示。这是以一种控制论的思想为基础的学派。有关行为主义学派的研究工作早在人工智能出现前的 20 世纪 40 年代的控制理论及信息论中就有很多研究，在人工智能出现后得到很大的发展，其近代的基础理论思想如知识获取中的搜索技术，以及 Agent 为代表的"智能代理"方法等，而其应用的典型即是机器人，特别是具有智能功能的智能机器人。在近期人工智能发展的新高潮中，机器人与机器学习、知识推理相结合，所组成的系统成为人工智能新的标志。

二、人工智能在智慧图书馆中的应用实践

（一）改变了图书馆的传统管理模式

1. 在图书管理过程中应用人工智能技术

一般而言，图书馆在为读者提供服务的过程中，需要耗费一定的人力资源。读者的借阅、归还等行为，需要相应图书管理员的协助，而由于图书馆内藏书较多，部分图书管理员也需要承担起引导的责任，帮助读者快速寻找到需要的书籍。而随着人工智能在图书馆中的应用，智能图书馆改变了传统的图书借阅过程，使得图书馆的实际管理工作得到了调整和更新。首先，读者在线上进行了图书馆的服务后，智慧图书馆能够对其进行身份识别。比如，智慧图书馆能够对身份证进行有效识别，而部分智能图书馆甚至已经具备了人脸识别的功能。而在读者进入图书馆后，智能图书馆则能够通过读者所登记的信息，提示读者相关书籍的位置。读者在归还书籍的过程中，能够借助智能图书馆来进行，这不仅在一定程度上节约了人力成本，而且也保障了读者的借阅效率。

2. 在图书资源分类与保护中应用人工智能技术

在传统的图书馆中，往往需要在文献、书籍等资源的有效保存、分类及保护上耗费大量的人力与物力，并且由于人工保管存在着一定的缺点，很容易出现书籍损坏、分类不明的情况，使得图书资源的保护工作难以开展。而人工智能技术的应用则能够在一定程度上改善这一情况。

首先，图书馆的工作人员需要将对应的文献、书籍编号录入智能图书馆系统之中，从而保证在智能图书馆系统中可以查询到图书的相应信息，而智能图书馆系统也能够实现对录入信息的分析，通过大数据分析对相关图书资源进行分类管理。在这一过程中，我们能够明显发现智能图书馆具有分类效率高、分类错误率低的优势，同时也可以大大节省图书馆的人力开支。

其次，人工智能技术的应用可大大提升图书馆资源管理的安全性。相关人员在对图书资源进行管理的过程中，不仅应当输入密码，而且还需要通过智能核验，比如，需要通过智能图书馆人脸识别，才能够对图书资源进行管理。

（二）改变了图书馆与借阅者的交互模式

1. 智慧图书馆不受时间与空间的限制

图书馆在为读者提供借阅服务时，一般都是由读者与图书馆的管理员进行直接交流，从而帮助读者明确借阅时间与相应限制。这虽然能够为读者提供一定的便利，但由于需要读者在图书馆完成上述操作，也给读者的借阅活动带来了一定的限制。而智慧图书馆最先改变了这一方式。读者在通过智慧图书馆进行读书活动时，能够具备更高的自主性。

首先，智慧图书馆可以为读者提供十分便捷的线上服务，读者能够通过手机、平板电脑等电子设备来登录智慧图书馆平台，进而进行其他操作。以手机客户端的操作为例，读者可以享受线上的图书馆预约服务，从而避免在图书馆中找不到座位的情况出现。读者也可以通过智慧图书馆来查询自己想要阅读、借阅的书籍，包括书籍的借阅状态以及位置等情况，以此来帮助读者快速寻找到对应的书籍，节省读者的时间。同时，智慧图书馆也能够实现对读者行为的有效记录和及时更新，包括读者的阅读时间、借阅记录等，从而进一步规范读者的阅读行为。

其次，智慧图书馆在提供便捷线上服务的同时，还拥有出色的互动性和社交功能。通过智慧图书馆平台，读者可以轻松地与其他书友互动和分享阅读体验。这一功能不仅能够让读者感受到更多阅读乐趣，还能够促进知识交流和友谊的建立。与此同时，智慧图书馆还提供了丰富的在线讨论和读书俱乐部等社交活动，使读者能够参与各种有趣的文化活动，扩展自己的社交圈子。此外，智慧图书馆还为读者提供了强大的搜索和推荐功能。通过智能搜索引擎，读者可以轻松地找到他们感兴趣的书籍，甚至可以根据个人阅读历史和兴趣领域获得个性化的图书推荐。这一功能使读者能够更加高效地发现新的阅读材料，拓宽自己的知识领域。

2. 智慧图书馆可实现定制推送服务

与传统的图书馆相比，专业的定制推送服务是智慧图书馆所提供的特色服务。

一方面，智慧图书馆中应用了人工智能技术等高新科技，能够对读者的行为进行有效的分析。比如，读者在图书馆的借阅记录会直接同步到智能图书馆，智能图书馆则能够对读者的借阅记录进行较为有效的分析，从而提炼出读者对于书籍题材、篇幅、风格等的偏好情况。而智能图书馆也能够通过大数据检索读者可能感兴趣的其他书籍，并且将这些书籍推送到特定读者的主页上，从而帮助读者进行初步的图书甄别工作。智慧图书馆所提供的这一服务是在大数据分析与采集的基础上进行的。

另一方面，读者也能够自主地对智慧图书馆的推送服务做出调整。比如，部分读者习惯于快速掌握信息，则可以将推送方式设置为文字推送，从而快速掌握所推送的书籍名称。同时，读者也可以在智慧图书馆中对自身所偏好的图书种类进行标记，以此来保证推送的图书是读者所需要的。

三、人工智能在智慧图书馆中的应用反思

智能图书馆的建设初衷是为读者提供更加科学且高效的服务，使得借阅图书的门槛进一步降低，保证更多人能够在图书馆中进行学习。但在智能图书馆的实际使用过程中发现其存在以下问题。

（一）读者的信息安全难以得到保障

读者在使用智慧图书馆的过程中，首先需要将个人信息上传到系统，从而保证图书馆能够对读者进行有效的身份识别。同时，读者在图书馆中的一应行为，包括阅读时间、阅读书籍的种类以及借阅时限等信息，也会同步记录在智慧图书馆的系统中，这也能够保证智能图书馆能够对读者进行有效推送。因此，智慧图书馆的功能实现是基于对读者信息的全面采集。

其次，智慧图书馆不仅应用了人工智能技术，同时也需要通过大数据与计算系统对采集到的读者信息进行全面分析，从而能够实现对读者的有针对性服务。从整体上而言，当读者通过手机、计算机等电子设备登录智慧图书馆系统时，其个人信息就已经对智能图书馆进行了全面的开放，如果相关管理者没有遵守法律法规，很有可能会过度采集读者的信息，进而导致读者的个人信息安全受到严重威胁。随着人们对个人信息安全的重视程度不断上升，这已经成为制约智能图书馆发展的重要原因之一。

(二) 读者的阅读面不易拓展

智能图书馆通过人工智能技术与大数据平台分析，得出对应读者的实际偏好，而后进行更加有针对性的个性化推送。而基于信息技术算法的分析，虽然能够有效地完成上述过程，但同样会导致数据的单一化。智慧图书馆的实际应用算法本身存在着一定的缺点，其底层逻辑是对读者的个人偏好进行分析，从而根据读者偏好进行书籍的推送，这能够在一定程度上保障所推送的书籍是读者所需要的，提升读者的阅读兴趣，也能够进一步增加读者使用智能图书馆的意愿。但智能图书馆所推送的书籍在一定程度上能够影响到读者的阅读选择，无疑也会使得读者很容易阅读大量同种类型的书籍。这不利于读者的自我提升，同时也会影响到智能图书馆进一步发挥其教育功能。

(三) 智慧图书馆体系尚未完善

智能图书馆从体系上而言，包括线上平台与线下图书馆两个组成部分，其在为读者提供服务的过程中，往往也是以线上系统与线下图书馆结合的方式。读者在利用智能图书馆进行阅读的过程中，往往习惯于在线上平台进行预约、查询书籍，在线下图书馆开展阅读活动，这也就要求智能图书馆的建设应当全面化，不仅能够为读者提供优质且便捷的线上服务，而且也能够为读者提供舒适的线下服务，完善线下图书馆各项配套设施的建设。

智能图书馆虽然已经得到了广大民众的支持，但其起步较晚，而我国绝大部分的智能图书馆并不是由政府部门来进行建设的。私人建设的智能图书馆一应设施往往并不符合我国对图书馆设备的需求，这也影响了智慧图书馆的进一步普及。

四、人工智能在智慧图书馆中的应用突破策略

智能图书馆的开发与建设需要进一步应用人工智能技术。

(一) 提升人工智能技术的透明性

由于智慧图书馆底层算法很容易造成其推荐的书籍为同一种类，从而影响读者的阅读体验与学习过程。而部分读者由于意识到了智慧图书馆在推送方面存在的固有缺陷，可能会直接拒绝智慧图书馆的推送，造成错过部分书籍，这也会在一定程度上影响读者的发展。这就要求管理者在对智慧图书馆进行建设的过程中，应当进一步解决算法上存在的问题，另外智慧图书馆也可以将其计算与分析的过程公开化，使得读者能够对这一过程进行自我判断，从而确定是否要接受智慧图书馆所推送的书籍。管理者在建设智慧图书馆算法

的过程中，应当对其进行及时调控。算法在运行过程中，很可能会暴露其缺陷，这也可帮助智慧图书馆进一步完善自身服务。

（二）建立完善、统一的智慧管理服务平台

从智慧图书馆的建设理念而言，智慧图书馆目前虽然是以线上服务平台与线下图书馆结合的方式来为读者提供服务的，但同样也能够在线上为读者提供阅读的服务，这也就进一步降低了智慧图书馆所受到的时间与地区的影响，对其长远发展无疑是有一定帮助的。而为了进一步保障智慧图书馆所能够为读者提供的服务，提升智慧图书馆的资源范围，管理者之间应当进行一定的合作与交流，使得不同智慧图书馆之间的图书资源能够得到有效整合，从而建立起功能更为完善的智慧管理平台。这对提升读者的阅读体验和学习体验同样具有一定的好处。

（三）有效整合馆藏数字资源

目前，现代图书馆数字资源整合与发现系统主要有：Findplus、Summon、维普智图、超星发现等，图书馆能做到的数字资源整合，还远远达不到为读者自由获取信息资源的实际要求。读者在图书馆检索文献时，会显示书评以及随书光盘下载链接等少量信息。目前，图书馆资源整合主要方式，包括 OPAC 系统的纸质文献和电子文献关联整合、异构数据库元数据抽取整合、异构电子资源库接口链接整合等几种模式。元数据整合、接口整合已经成为主流的平台整合方式。传统图书馆的数据处理由于受数据获取和分析能力的制约，采用数据采样或抽样的方式处理数据，通过少量的样本数据，使用数学或统计学模型近似地描述变量之间的特征或规律，根据趋势外推到总体特征。智慧图书馆中数字资源的整合指的是，综合运用各种技术、方法和手段对图书馆相互独立的各种数字资源进行优化，重新将其结合为一个新的有机整体，形成效能更好、效率更高的数字资源体系。

智慧图书馆运用人工智能技术可做到数字资源的深度整合，而人工智能技术的应用则是依据信息用户的需求，对各个相对独立的数字资源中的数据单元、功能结构及其互动关系进行揭示和融合。它不仅是对数字资源本身的集中整合，而且更是对数字资源相关数据的整合，使智慧图书馆中数字资源更趋于有序化。人工智能技术使传统图书馆馆藏数字资源的有效整合、数据处理方式和数据处理思维模式发生了根本性的变革。

（四）打造全新的智慧图书馆服务模式

差异化和个性化的服务是互联网时代的一个重要特征，图书馆也不例外。这种差异

化、个性化的服务，需要人工智能技术依托大数据方式来完成。

1. 图像识别技术：精准识别读者，为读者服务工作提供有效数据支撑

图像识别技术运用到人身上主要是人脸识别，是基于人的脸部特征信息进行身份识别的一种生物识别技术。用摄像机或摄像头采集含有人脸的图像或视频流，并自动在图像中检测和跟踪人脸，通常也叫作"人像识别""面部识别"。人脸识别已有 30 多年的研发历史，现已开始深入到我们的生活，并改变着我们的生活。2017 年第一家阿里巴巴的无人超市、第一家刷脸取现的银行出现，则将这一技术推进到更高领域的实际应用。与其他的验证方式相比，人脸识别不需要读者专门配合采集设备，在远距离、自然状态下就可获取人脸图像，隐蔽性更好。

图书馆采用人脸识别技术可以有效完成大量到馆读者的身份管理。这种技术对于提升我们的服务有至关重要的参考意义。对于图书馆来说掌握非有效读者到馆规律非常重要。每年图书馆到馆读者几百万，但真正有效读者和非有效读者的比率一直困扰我们统计工作，没有哪个图书馆能说清楚这一比例。传统图书馆读者到馆统计一般都是使用客流统计系统完成，大部分技术平台系统是根据头、双肩三点测定，判断进馆与出馆行为。如果应用人脸识别系统进行统计，根据有效读者的进馆数据分析，系统可将一些实时的推荐信息发送到读者移动设备中，比如借阅信息、兴趣阅读信息等，可以在原有进馆出馆统计的基础上完成有效读者和一般浏览性读者的区分。如果我们能准确掌握这一个比率就可以在服务中有所侧重，这对于提升图书馆读者服务效能非常重要。再比如，电子阅览室上网服务、网上报名签到服务、读者到馆统计服务、读者数字图书馆快速访问服务等。电子阅览室上网服务需要读者每次上网都提供有效身份证明，如果应用人脸识别技术在读者第一次持身份证或者读者证登记注册后，而后再次上网可能只需要几秒钟进行人脸识别就可以完成上网的登记，从而可极大方便读者使用电子阅览室。

2. RFID 识别技术：节省读者等候时间，提高工作效率

依赖于物联网、智联网的传感技术、智能感知技术和云计算技术，在硬件基础设施和软件技术的支撑下，智慧图书馆能够提供智慧化的管理和服务。RFID 本身就是一种初级智能设备。目前，图书馆在借阅环节使用 RFID 技术已经成为一种主流，可以完全实现图书馆借阅服务的人工智能化。随着超高频标签技术门槛的不断降低，人工智能将会赋予 RFID 更多信息，如读者信息、图书馆座位信息、预订图书到馆信息等。越来越多的图书馆采用超高频标签，实现了读者带着书经过一个探测门就能完成借阅，为实现无人超市式的借阅场景提供了可能。图书馆现超高频的标签（860~960MHz）具有技术优势，其价格

低、识别率高、识别时间短等。要完成一个快速借阅过程需要人工智能技术中人像识别和标签识别两个系统的密切配合。现在的人像识别技术可以让身份识别在5秒之内完成，通过与业务系统的对话实现提取读者证号的功能。而超高频标签识别系统对于超过1米以外的图书都能够读取，并完成借阅。目前这一系列的技术非常成熟，各种应用设备的价格也趋于合理。同时，人工智能引入门禁系统会在有效距离内自动识别到读者，读者可无障碍进出图书馆，人工智能设备将引导读者找到所需的文献信息资源。

3. 语音识别技术：实现无障碍服务

语音是人类交流最自然的方式，人类通过语音传递和接收信息比其他任何媒介接收信息都要简单、方便和快捷。这些优点决定了语音识别是智慧图书馆无障碍服务最有效的方式。语音识别技术不受传统人工咨询服务时间、空间和人力的限制，能够无障碍地满足日益增长的读者服务需求，特别是能够帮助弱势群体，如老年人和学龄前儿童、阅读障碍症等进行文献检索和阅读。中国国家数字图书馆 App 和上海图书馆 App，均采用了语音识别技术，读者可通过语音输入代替文本输入进行馆藏资源搜索。语音识别技术能将文字转换成语音，可以提供语音朗读，让视障人士通过听觉来获取信息，解决文本输入困难的问题；反之，还可以将音频中的语言转换成文字，为听障人士提供文字阅览。另外，语音机器人服务还可以代替馆员为读者提供多种服务，如馆藏资源搜索、参考咨询、学科导航等。

（五）智慧图书馆网络的安全管控

人工智能以网络和大数据为依托，保护网络和数据安全是发展人工智能的前提。网络安全是图书馆人工智能服务的必然保障。网络时代图书馆对于读者数据大多数是在读者未授权或者不知情的情况下获取的，有着很强的私密性，比如一些读者的搜索数据、借阅数据，读者的一些阅读模型只有研究意义，不具备公开条件。基于大数据基础之上建立起来的人工智能信息分析系统，在数字资源云存储、智能安防方面发挥举足轻重的作用。首先，可以对所有到馆读者数据进行精准分析，全面掌握各类图书借阅或访问信息及文献利用率情况，为智慧图书馆管理提供重要依据。其次，可获取读者借阅信息，为分析阅读者兴趣的要求提供了保障，最终实现向读者主动推送所需要的文献资源。再次，可以保护读者数据和隐私。最后，可以建立技术屏障，防止不法入侵数据平台分析系统，免除读者行为数据泄露或被他人窃取。

（六）打造智慧咨询馆员

智慧图书馆为读者提供更加个性化、全方位的信息服务，需要借助智慧咨询馆员运用人工智能技术，采用新的语义分析技术去分析读者咨询中的对话问题，对馆员要求较高。传统图书馆使用的是 FAQ（Frequently Asked Questions），也是最早的智能服务形式之一。在线咨询馆员服务是将读者咨询频率较高的问题汇集起来形成 FAQ 服务。这是一个人工筛选的过程，需要读者自行到 FAQ 合集里去寻找想咨询的问题，虽比较被动，但 FAQ 服务的确发挥了重要作用。而目前很多图书馆除了应用人工智能技术，努力打造智慧咨询馆员外，也引进了智能馆员机器人，完成读者一般性的咨询问题。如辽宁省图书馆 2016 年引进了服务机器人在服务大厅完成读者一般性咨询问题、馆舍功能介绍、读者引路等服务。其后台对接的一个开放性云语义平台，带给读者的不单是一个咨询问题的解决，更多的是读者对于数字图书馆的一种应用体验。机器人的服务将随着语义分析技术和语义平台技术的进步将有进一步的拓展，将来可以完全替代馆员完成导引服务。类似苹果智能"siri"等智能机器人迈入了一个新的发展期，未来将影响甚至改变图书馆的信息服务工作模式。

人工智能技术的不断完善和创新，已经成为智慧图书馆有效融入网络时代的一个重要入口工具，智慧图书馆要以更积极的姿态拥抱人工智能，并将现有智能设备和人工智能技术有效融合，建设更加全面、更加多元化的智能图书馆服务。需要明确的是智慧图书馆建设与发展是一项长期而又艰巨的任务，在人工智能的融入过程中，图书馆的职能作用和馆员的职责都不会发生变化，变化的只有服务方式和手段。人工智能技术和图书馆服务的深度结合，一定能为读者提供多样化、个性化的信息服务，创造一个面向未来的智慧图书馆。

综上所述，人工智能技术在图书馆中的广泛应用具有现实意义，不仅解决了传统图书馆在人力、物力上存在的缺陷，保障了读者借阅图书过程中的高效性，为读者提供了更加全面的读书服务，同时也能够有效地整合馆内图书资源，对图书资源进行更为科学且合理的管理，这对于有效发挥图书馆的社会效益与教育功能具有重要的意义。

第四节　室内定位技术与智慧图书馆建设

近年来，我国公共图书馆的发展趋向为：规模大型化，功能全面化，带来的相应结果是室内空间结构的复杂化。随着室内活动空间越来越庞大和复杂，兴趣点（Point of Interest，POI）越来越丰富，读者在这里寻找书籍往往需要花费很长时间，即使检索到了其馆藏地点，但是这个地点在哪里、怎么去，仍旧是个模糊的位置信息；另外，如何在复杂多样的场景中发现图书馆新推出的服务，或找到自己想要去的活动空间，也同时困扰着来此参观的读者和活动管理者。

一、室内定位技术特点及实现原理

室内定位技术已广泛应用于很多行业领域，如商场、博物馆、医院、交通枢纽等，其应用方向主要包括：室内定位跟踪、室内路径导航、导览、行为模式分析等。目前室内定位技术逐渐发展成熟，Wi-Fi、蓝牙4.0、惯性传感器、地磁传感器等技术在主流手机消费中已经得到普及，使得室内定位系统能够以较低的成本实现较高的精度。

（一）主流室内定位技术的特点分析

由于所采用定位技术的差别，定位精度和实施成本等略有不同。表3-1为当前主流室内定位技术的特点分析。[①]

表3-1 室内定位技术特点分析

技术名称	相对成本	定位精度/m	优势	劣势
通信基站	低	5~50	普适性强	精度低，依赖基站密度
光跟踪	高	1	抗干扰性强，通信速率高	覆盖范围小
声波	中	1	定位精度高	温度湿度影响，需要布设基站
蓝牙	低	5~10	易集成	定位跳动，维护量大
Wi-Fi	低	2~50	普适性强	易受环境干扰，精度低
UWB	高	0.5	定位精度高	覆盖范围小
激光	高	0.3	定位精度高	体积大功耗高，不适于人员定位
惯导	低	2~4	不依赖外部环境	累计误差，不适于长期使用
地磁场	低	1~5	不依赖外部环境	室内结构变动影响
视觉识别	高	0.1~1	不依赖外部环境	稳定性差

（二）室内定位技术的实现原理

利用算法融合蓝牙、惯性导航系统（Inertial Navigation System，INS）、地球磁场及地图信息的多源信息融合定位方法，经试验验证表明，静态下定位精度可达2m（60%），动态下定位精度可达1.4m（60%）。该方案采用以磁场定位为核心，辅助行人PDR、蓝牙定位等多种定位手段，利用既有Wi-Fi，4G/5G网络将位置信息传送到服务器，在服务器端

[①] 王小宁，马妍. 室内定位技术在智慧图书馆建设中的应用探索［J］. 图书馆研究与工作，2022（08）：53-58.

完成位置数据的解算，并将位置坐标返回给移动端，完成实时位置坐标的显示。

用户通过微信小程序即可轻松使用，无需佩戴工具、下载App，对比UWB、zigbee、5G、Wi-Fi等室内定位技术，具有安装维护简单、定位稳定、三维定位、少施工、应用范围广的突出优势。对于图书馆室内环境多楼层、多独立空间以及读者群体特征跨度大、个体流动性不固定等特点，具有良好的可行性及适用性。

多源融合室内定位方案的系统构成及实现原理如下。

系统包括支撑系统运行的相关硬件设施及实现系统功能的系统服务。

硬件设施包括：用于采集地磁场信息的磁场采集装置，通常采用专业的地磁采集装置或具有地磁场传感器的各大主流型号手机；iBeacon蓝牙信标；服务器，为满足较大的并发量需求，系统可能需要3台以上服务器实现负载均衡；良好稳定的网络设施，需要保证手机与定位服务器的数据通信，但不限于图书馆内覆盖的Wi-Fi或移动通信网络；手机，目前读者普遍使用的手机，均具备室内定位所需要的传感器需求。

系统服务包括：融合定位算法；3D数字地图技术。

二、智慧图书馆建设中室内定位技术的应用方案

（一）室内定位技术的应用目标

利用室内定位技术的优势解决读者室内导航及导览需求；通过基于实时位置的信息推送、历史轨迹数据、大数据统计等功能，进一步拓展图书馆空间运营、安全管理等能力。基于室内定位技术应用及大数据统计分析，有助于开拓公共图书馆智慧服务的新模式，有机融合虚拟图书馆与实体空间，从而形成人馆互动，人馆协调，空间、技术、资源、服务协同发展的模式。从虚拟场景到实体场景，从馆藏建设、服务能力建设、馆员智慧化管理能力提高等多方面，助力我国公共图书馆向智慧型发展。

1. 室内导航

实现室内实体空间的实时导航，解决用户查找到目的地却难以到达的问题。通过对接图书架位系统，可实现对文献所属书架的精准定位，并提供相应实时导航服务。室内导航可应用于图书馆阅览区、服务区、电子设备等服务设施的导航导览。同时，基于室内定位技术，可判断读者所在具体位置，优先推荐周边的服务设施。当突发自然灾害，如地震和火灾时，读者还可以依据导航线路快速逃生。

2. 个性化推送

在室内定位和用户画像技术的支撑下，及时获取用户所需数据并拨送给用户，实现个

性化的信息推送。例如,当读者进入某区域时,可以为读者推送可能感兴趣而又未阅读过的信息资源。还可以将图书馆举办的活动信息推送给更多读者,帮助喜好参加图书馆线下活动的读者更好地掌握活动举办时间、参加方式等,以此解决当前图书馆被动式提供信息的不足。

3. 用户画像构建

在读者通过软件进行包括检索、阅览、咨询等行为的过程中,会产生大量的业务操作记录。基于室内定位技术,获取读者的行进轨迹、速度及物理位置,经过与上述业务操作记录相关联,可生成读者的空间行为数据。通过时间、地点、人物、行为、目的、结果等多维度标签,可建立更加完备的用户个体画像。通过深度挖掘用户的个体画像信息与关联信息,构建特征用户画像群体,可完成个体个性化信息推送,提升信息服务质量与有效性,实现对用户的精准服务。

4. 数据分析

将业务数据、用户画像等投影到空间地图中,将图书馆实体空间中的对象与虚拟空间的数据信息相结合,通过数据可视化分析,结合查询、统计功能,直观、多维度地展示读者空间行为数据,深入挖掘读者个体和读者群体的阅览行为、不同阅览区域的关联关系、不同时间点、时间周期及不同时间点之间读者分布及流向变化,为图书馆保障公共安全、优化资源配置提供良好决策支持。

(二) 室内定位技术的实现方式

随着互联网技术发展及读者行为习惯的改变,图书馆微信服务平台在图书馆服务体系中扮演着越来越重要的角色。业已成熟的微信小程序软件产品开发,也成为越来越多互联网开发公司的主营业务。与此同时,统一平台的微信小程序,在兼容性、稳定性可以保证的基础上,开发量明显小于分别开发 IOS 及 Android 两个平台的软件版本,也将有利于进一步降低图书馆采购预算。而相比下载手机 App,作为主要使用者的读者群体,更加明显地倾向于通过扫码、分享链接等方式打开微信小程序,简单便捷地使用图书馆提供的各项服务。

1. 读者应用端

基于微信小程序开发的室内定位产品,可以通过以下几种方式在图书馆线上和线下空间投入使用。

(1) 集成至图书馆微信服务大厅等平台,通过单独的服务功能链接,跳转至相应的功能页面。

（2）作为拓展功能集成至其他微信端服务功能页面，如图书检索、活动报名等，将目的地信息通过数据接口传输参数的方式，发送给室内定位平台，直接调用其室内路径规划及导航功能。

（3）作为拓展功能集成至图书馆网页、触摸屏设备等，如 OPAL 检索网站或楼宇导航机等，读者查询完成后，可在网页或设备上生成结果二维码，通过使用手机扫码功能，将目的地同步至手机端的室内定位平台上。

（4）将室内定位平台链接地址或绑定目的地信息的二维码，直接投放到展板、海报等线下场景，读者通过手机扫码直接打开服务页面。

2. 管理端

室内定位产品应采用 Web 管理平台，实现室内定位平台的各项管理功能及日志管理、权限管理等系统平台维护功能，便于图书馆管理运维人员的日常操作。而通过采集读者空间行为进行大数据分析的结果，可提供可视化图形展示页面及数据接口，用于图书馆运维监控平台、大数据展示系统及大数据统计分析平台等第三方系统。

3. 系统集成

室内定位平台通过对接图书馆管理系统或其他第三方接口，可以实现图书检索、活动报名、阅览室预约等诸多功能，进一步加强图书馆移动端服务能力。而作为主要功能之一的个性化信息推送，则可以对接图书馆已有的数据分析平台、用户管理系统、信息发布系统，或通过室内定位管理平台实现相应的管理功能。

室内定位平台具有独特的空间行为数据分析能力，可提供接口将原始数据或分析结果、可视化图形等提供给指定的第三方系统。

（三）室内定位技术的系统架构

为了适应业务的快速迭代和创新，室内定位平台应选用开源框架进行微服务架构开发。在标准架构的建设过程中，遵循架构兼容下的统一、可靠稳定、可扩展性等原则，并保持适当的技术前瞻性。

微服务架构具有如下优势：由一组小的微服务组成一个完整应用；选用更适合的技术去实现每个相对独立的业务；每个微服务之间通过轻量级的通信机制互相沟通；完全去中心化；每个微服务都可以独立部署、发布和升级；故障隔离在每个微服务之内。

三、智慧图书馆室内定位导航应用的功能框架

通过观察对比我国公共图书馆的服务模式、提供的服务范围及尚未解决的读者实际需求，本部分结合室内定位技术，设计了面向读者的手机端应用及面向管理人员的管理平台：面向读者实现室内定位数字地图、服务查询、信息推送、个人中心功能；面向馆员提供时空、行为多维度统计量、变量及相关性分析，对资源配置、信息管理、服务模式等提供决策数据支持。

（一）读者应用端功能框架

1. 数字地图

基于还原图书馆室内结构的数字地图，实现如下功能。

（1）显示实时位置。根据室内定位结算结果，在数字地图中将当前位置坐标实时展示出来，以此作为读者了解自身所处位置及导览导航功能的基础。

（2）位置分享。通过微信好友间的分享功能，在数字地图中同时显示读者及好友的实时位置。

（3）楼宇导览。数字地图中以鸟瞰图的形式显示各服务区、设施名称，点击任一点位可显示其简介信息或作为终点进行路径规划导航。

2. 服务查询

服务查询包括但不限于图书馆馆藏资源、阅览区、服务设施、活动场地等各类信息的查询检索，并对查询结果在室内空间中的物理位置进行路径规划及导航。

（1）阅览室、设施查询。通过管理后台对室内空间的各兴趣点进行坐标设置及信息描述，读者在应用端通过输入关键词查询，或在地图、列表中点选的方式，选择自己需要的兴趣点了解相关信息或导览。

（2）图书检索及架位导航。对接图书馆既有的图书管理系统和图书架位数据，读者在应用端检索馆藏资源，并对资源所在的物理架位进行路径规划及导航。

（3）服务/活动查询。对比阅览室、设施等针对具体地点名称的导览需求，读者可能并不了解自己所需的服务所属地点，对此应支持根据服务属性或活动名称等信息进行查询的方式。同样地，对其所处的物理位置，进行路径规划及导航。

3. 信息推送

信息推送指对信息资源的个性化推荐，由传统的被动式展示变为主动式推送，实为主

动地检索目标信息,并通过一定的推送方式发送给目标用户。

(1) 定点触发推送。这一推送方式是在某一特定条件下实现的推送,根据设定的时间、地点、条件触发推送机制,实现信息的推送。如配合某活动举办,向读者推送活动邀请、调查问卷等;或当读者进入某阅览区时,进行图书推荐等。

(2) 智能推送。智能推送包括主动推送和智能推送,这两种推送方式不但能够实现主动推送信息,还能基于用户画像智能化判断用户所需数据,减少不必要的信息冗余。通过识别读者身份信息匹配读者类型,根据后台设置的相关推送策略,对其进行个性化的信息推荐。最后根据读者点击浏览推荐信息的实际数据修正后台的推送策略,提升智能推送的准确性。

4. 个人中心

个人中心主要包括三方面内容,即操作记录:让读者可以快捷地进入自己想要的查询结果,方便操作,同时留给读者历史记录;使用习惯:统计读者移动端功能使用量,使用馆内资源和服务的倾向性等;操作说明:提供所有功能使用说明,减少馆内工作人员的日常培训工作,使外部读者能够快速地了解系统功能。

(二) 管理平台功能框架

1. 地图管理

阅览室、设施、服务点位(POI 点位)等导览内容的编辑,包括地图显示名称的命名、简介图文编辑等。根据建立的点位,规划路径网络,并根据馆内实际情况调整(如增减门禁等)修改路径网络。

2. 信息管理

通过富文本或网页链接等形式,编辑信息内容,分别进行定点触发推送和智能推送。如编辑新书推荐信息,选定在图书馆大厅范围内进行统一推送,或根据不同读者类型分别推荐不同书单。

3. 用户管理

读者管理主要指采集读者室内行为数据、在系统内的操作记录或第三方使用记录、读者身份信息等,根据不同参数的选择,为读者个体和群体添加画像标签,定义若干个不同的读者类型,并通过匹配个体读者数据,形成若干个不同特点的读者群体。

账号管理包括新增和编辑不同的管理账号及权限。

4. 数据分析

系统利用所获得的用户数据、位置数据，结合数字地图信息，进行大数据分析计算。用于图书馆日常数据的可视化展示，为工作人员反映实际状况，为决策区域位置提供相应依据；包括客流量分析、用户位置轨迹分析、到馆用户分析、热区分析、用户位置画像分析。

（1）热力图。当读者使用室内定位功能时，系统可记录某一读者在任一时刻的室内位置，通过汇总所有读者的定位数据，通过不同颜色来区分各区域间读者密度，形成任一时刻馆内读者使用的热力图。馆内使用热力图可显示馆内读者到达馆内各区域的频率情况，通过选择不同时间段、不同读者类型之间使用热力图的对比，发现馆内空间的利用情况和读者偏好。

（2）读者流向。按顺序连接同一读者不同时间的室内位置，形成的轨迹即为该读者的室内行进路线。当应用在图书馆场景数据分析时，系统可将所有读者行进路线中经过的阅览区、设施等进行提炼合并，通过不同颜色区分同一路段内同一流向的读者数量，形成馆内任一时段内读者的流向及流量轨迹图。管理者通过对比不同时段和不同读者类型间的读者流向，可了解馆内通道拥挤程度等，为采取相应疏散措施或设施服务分布提供数据支持。

总之，室内定位技术早已在许多行业有了很好应用。传统图书馆强调在线检索服务，但所提供的资源信息模糊，不能很好解决读者诸多需求。室内定位导航的应用将重新定义图书馆，满足读者更多的需求，营造舒适的实体空间，帮助读者更方便地利用图书馆的各项设施与服务。同时，获取分析读者行为，感知读者需求并提供适当的服务，是智慧图书馆建设的关键。基于室内定位技术，可以获取时间、人物、地点、操作的完整事件要素，结合业务流程相关前后节点数据，极大提升读者行为数据获取的有效性和准确性，从而生成更加完备的读者用户画像及室内空间画像。

第四章 智慧图书馆建设与阅读推广服务

第一节 什么是阅读推广

一、阅读推广定义的理解

"阅读推广"一词译自英文"Reading Promotion","Promotion"除可译为"推广"外,还有"促进、提升"的意思,所以也有人将"Reading Promotion"翻译为"阅读促进"。

联合国教科文组织于1995年确定每年4月23日为"世界图书与版权日"以来,"Reading Promotion"一词频繁出现在联合国教科文组织、美国国会图书馆、国际图书馆协会联合会、美国国家艺术基金会"大阅读"项目等倡导全民阅读组织、机构网站和工作报告中。1997年后,"阅读推广"逐渐成为国内图书馆界、出版界的一个常用词和高频词。然而,无论是国内还是国外,关于阅读推广,都没有特别明确的定义。究其原因,也许是因为阅读推广的字面意思较为简单清楚,是对阅读进行推广或促进,因而无须再做具体定义。

近年来,学界开始关注阅读推广的定义,并试图给出较为全面的答案。如张怀涛综合各家观点,将阅读推广定义为:"'阅读推广'是推广阅读。简言之就是社会组织或个人为促进人们阅读而开展的相关活动,将有益于个人和社会阅读的活动推而广之;是社会组织和个人为促进阅读这一人类独有的活动,采用相应的途径和方式,扩展阅读的作用范围,增强阅读的影响力度,使人们更愿意、更有条件参与阅读的文化活动和事业。"[1]

王波从国家战略高度给"阅读推广"做了一个国际化定义:"阅读推广,就是为了推动人人阅读,以提高人类文化素质、提升各民族软实力、加快各国富强和民族振兴的进程和战略目标,而由各国机构和个人开展的旨在培养民众阅读兴趣、阅读习惯,提高民众阅

---

[1] 张怀涛,阅读推广的空间拓展[J].高校图书馆工作,2017,37(01):40-47.

读质量、阅读能力、阅读效果的活动。"[1]

以上两个具有代表性的相对全面的"阅读推广"定义，其共通之处在于，两者都认为"阅读推广"是一种关于阅读的文化活动，并且可以作反向理解，即"推广阅读"。

既然"阅读推广"可以理解为"推广阅读"，那么"阅读"就成为推广的内容，与技术推广、产品推广、成果推广、经验推广一样，属于推广学的范畴。于是从推广学的视角定义"阅读推广"为：推广是一种由机构部署的职业性、有组织的沟通干预活动，以引导具有变革行为者（推广者）所认为的公共或集体效用的自愿行为的改变。因此，阅读推广是一种由机构部署的职业性的有组织的文化型沟通干预活动，以引导具有变革行为者所认为的阅读效用的自愿行为的改变。"文化性"是阅读推广区别于技术推广、产品推广等商务型推广的标志属性。

对于这个全新的定义，似乎有悖常识，其悖论点聚焦于"机构部署"与"职业性"两个关键词。其存在两个具体而常见的问题：

（1）如果阅读推广是一种由机构部署的活动，那么"个人将自己阅读过的好书向他人推荐，并鼓励其阅读"算不算阅读推广？

（2）如果阅读推广是一种职业性的行为，那么"医生向抑郁症患者推荐其阅读《生命的重建》（露易丝·海著）、《人性的优点》（卡内基著）、《生之礼赞》（朗费罗著）等书籍以辅助治疗抑郁症"算不算阅读推广？

第一个问题：个人向他人推荐阅读好书，毫无疑问是一种阅读推广行为，但却是一种零星的、散落的、偶发的阅读推广行为，其推广力度几乎可以忽略不计，特别是在"阅读"尚需推广的国家和社会。因此，只有当个体聚在一起组成团体，并建立组织机构时，团体推广阅读的行为，才有力度可言，才可以上升到"推广学"的概念范畴。

第二个问题：医生的职责是治病救人，当其用推荐阅读的方式辅助治疗疾病时，其行为具有职业性，但却属于医生职业范畴，而不属于推广职业范畴，其推荐阅读的目的是治病而不是推广阅读。只有当医院承担阅读推广的责任和义务（如美国医疗领域实施的"触手可读"项目）时，医生推荐阅读的行为才有可能是出于培养阅读兴趣和习惯、提高阅读质量和能力的目的，才属于推广职业范畴。

因此，个体无意识偶发的、零星的、非职业性的推广阅读行为，其力度还不完全属于推广学概念范畴；如果从国家战略高度看，阅读推广具有机构部署性，因为只有机构部署，阅读推广经费才有保障，阅读推广行为才能持续，阅读推广活动才有规模，才有可能

---

[1] 王波．图书馆时尚阅读推广[M]．北京：朝华出版社，2015：5.

谈及阅读推广效益。如此，从推广学角度给阅读推广下的定义便具有了合理性。

二、阅读推广的特有属性

根据推广学视角的"阅读推广"定义，阅读推广除了具有干预性、沟通性、自愿性、公益性、机构部署性等"推广"属性外，还具有推广主体的多元性、推广客体的丰富性、推广对象的明确性、推广服务的活动性、推广效果的滞后性等特有属性。

（一）推广主体——多元性

阅读的重要性决定了阅读推广的重要性，阅读推广的重要性决定了阅读推广主体的多元性。"阅读推广主体是特定阅读推广项目的策划者、组织者、实施者和管理者。"[①] 凡是负有提高国民素质的机构、企业、团体，都有开展阅读推广活动的责任。其中，阅读推广的国际组织主要有联合国教科文组织、国际图书馆联合会、国际阅读协会、国际儿童读物联盟等；阅读推广的非营利机构包括基金会（如韬奋基金会）、志愿团体（如网络公益小书房）、民间组织（如万木草堂读书会）、行业协会（如中国图书馆学会）等。不同阅读推广主体对个体阅读引导的效果也会不同。当前全民阅读推广工作的长期性、艰巨性决定了多元阅读推广主体之间长期共存、合作共赢的关系格局。

（二）推广客体——丰富性

阅读推广客体指阅读推广的内容，主要包括阅读读物、阅读能力和阅读兴趣三个部分。图书、报纸、期刊等文献资源是阅读推广的基础。从全球范围看，阅读推广的读物不只限于纸质资源等传统出版物，电影、音乐、游戏、网页等都属于推广的范畴。阅读兴趣则是一种持续的阅读意愿和欲望，增强阅读意愿是阅读推广较难达到的目标。阅读读物的海量性、阅读能力的差异性、阅读兴趣的内隐性成就了阅读推广客体的丰富性。

（三）推广对象——明确性

阅读推广对象是指阅读推广项目的目标群体。在阅读中，人是主体；而在阅读推广中，全体国民是社会阅读推广的对象。从微观个体的阅读推广项目看，都有一个共同特点，即目标群体明确。比如在英国，"阅读之星"项目面向的是不爱阅读，却喜欢足球的5~6年级小学生和7~8年级初中生；"夏季阅读挑战"项目鼓励4~12岁儿童在暑假期间

[①] 赵俊玲，郭腊梅，杨绍志. 阅读推广：理念·方法·案例［M］. 北京：国家图书馆出版社，2013：3.

到图书馆阅读 6 本书，而其"阅读六本图书"项目，则主要针对不爱读书或者阅读方面不自信的成年人，"信箱俱乐部"面向 7~13 岁家庭寄养儿童邮寄装有书籍、数学游戏以及其他一些学习材料包裹；"Book Up"项目面向所有 7 年级学生发放免费图书；美国"触手可读"项目面向 6 个月至 5 岁儿童进行阅读推广，"力量午餐"项目通过志愿者利用午餐时间到附近的小学给来自低收入家庭的小学生进行 1 个小时的志愿阅读；挪威推出了面向 13~16 岁孩子的 AksjontXt 项目、面向 16~19 岁高中生的阅读推广项目以及面向运动员的"运动和阅读"项目；新加坡的"读吧，新加坡"，每年都有明确的推广对象，如出租车、美容师等。

总体来看，各国都十分注重以未成年人为对象的阅读推广；此外，低收入人群、进城务工人员、老年人、残疾人等弱势群体，也是重点关注的阅读推广对象。

（四）推广服务——活动性

阅读推广是一种关于阅读的文化活动。阅读推广服务通常是以活动形式提供的。每一个阅读推广项目都离不开阅读活动的开展，且项目规模越大，活动越丰富多彩。例如 2012 年澳大利亚国家阅读年项目邀请 43 位宣传大使，与 20 多家企业合作，开展 4000 多项活动，分布在澳大利亚首都到中部山区的广大区域，面向不同年龄段，其中包括"我们的故事""我们到了吗""什么时候开始读都不晚""读这本""描写工作中的人""保存土著文化""加入图书馆""读书时间"等大型活动；美国"一城一书"阅读推广项目，以一本书作为活动的基点，开展相关活动，如读书讨论会、学术研讨会、作者访谈、作者见面会、作品展览、电影放映、演讲、游览、作者演唱会等，以贴近生活的形式，促进人们之间交流。

我国全民阅读活动，形式更加多样，如"源远流长的中华典籍"大型广场活动、"书香中国"电视特别节目、图书馆阅读服务宣传周、高校图书馆的读书月，以及图书银行、送书活动、读书知识竞赛、微书评、读图、真人图书馆等常用阅读推广形式。因此，与图书外借阅览等传统服务相比，阅读推广是一种活动化的服务，是一种受益读者相对较少、服务成本相对较高的活动化服务。

（五）推广效果——滞后性

阅读推广效果是指开展阅读推广产生的影响和结果。阅读推广主体开展阅读推广活动，不能只满足于完成计划，阅读推广的质量如何更为重要。阅读推广的效果通过阅读推广对象的变化体现出来，这些变化主要表现在个体的知觉、态度、行为、习惯等方面。

阅读推广的知觉效果是指通过阅读推广是否使人们对"阅读"有了初步认知和感觉，是否增加了有关"阅读"的知识量，这是一种浅层效果；阅读推广的态度效果是指阅读推广是否激发人们对于"阅读"的热情，是否产生热爱阅读的主动态度，这是一种中层效果；阅读推广的行为效果是指阅读推广是否使人们在行动上有所实施，是否能够理性地将一定精力和时间投入阅读之中，使自己的阅读能力和文化素养不断提高，这属于深层效果；阅读推广的习惯效果是指阅读推广是否让人们养成了良好的阅读习惯，使阅读生活化、常态化，这属于最佳效果。由于个体的知觉、态度、行为变化的渐进性与内隐性，以及习惯养成的长期性，使得阅读推广效果具有了滞后性，且难以观测和量化。

三、阅读推广的目的及现代理念

（一）阅读推广的一般目的

阅读推广目的是指开展阅读推广所希冀的各种教育作用和社会价值。

一种事物的作用和价值，实际上是人们对这种事物的情感赋予，因而凡是"目的"都具有引导性和主观性。阅读推广目的也不例外，它会因阅读推广主体的不同而不同。比如联合国教科文组织、国际图书馆联合会、国际阅读协会、国际儿童读物联盟等国际组织开展阅读推广的目的，旨在提高全人类的文化素质与阅读水平；国家政府倡导阅读推广是为了提升国家的文化软实力，加快国家富强和民族振兴的进程，很多国家甚至将阅读推广作为国家战略和国家工程开展；出版机构和书店开展阅读推广的主要目的是提高图书的销售量；图书馆开展阅读推广活动的目的，则是为了提高馆藏资源的利用率。

由此可见，不同的阅读推广主体因其社会职能、专门对象、资源拥有情况的不同，其阅读推广目的也会有微观和宏观之分。出版机构、书店、图书馆开展阅读推广的目的属于微观目的，也是直接目的，国际组织、国家政府开展阅读推广的目的则属于宏观目的。对于具体的阅读推广项目，宏观目的只能作为间接目的和长远目的，它需要通过一系列直接目的才能实现。

无论是宏观目的还是微观目的，都有培养读者阅读兴趣与阅读习惯，提高读者阅读质量、阅读能力、阅读效果的作用。

从推广学的视角看，推广的最终目的是引导人们的行为自愿变革，因此，阅读推广的最终目的是要引导人们的阅读行为自愿变革。对于"引导人们阅读行为自愿变革"的理解，可以用规范简洁而富有感染力的表述阐释，即"通过阅读提升公民素养，使不爱阅读的人爱上阅读；使不会阅读的人学会阅读；使阅读有困难的人跨越阅读的障碍"，这是开展阅读推广的终极目标。从阅读与推广的双重视角观察，其目的包括：传播科学知识、培育人文精神；指导阅读路径、掌握阅读方法；激发兴趣、养成习惯、发展阅读能力；扩大阅读交往，加强社会协作等方面。

（二）阅读推广的现代理念

"理念"是指人们对某一事物或现象的理性认识、理想追求及其所形成的观念体系。基于上述对于"理念"内涵的认知，阅读推广的现代理念可以概括为五个关键词：全民、服务、自由、权利、创新。

1. "全民"

从阅读推广所具有的"社会公益性"看，尽管某一个具体的阅读项目都有明确的阅读推广对象，不可能涉及"全民"，可综合整体的阅读推广工作，则应该让所有的公民享受到阅读推广的"益"处。

21世纪初叶以来，"全民"阅读理念更是深入人心。"全民阅读推广"这个概念，首先意味着要倡导"全员阅读"的学风，其次意味着"终身阅读"；再次，对于图书馆和书店来说，这意味着一种"全品种的读物推广"。

2. "服务"

阅读推广是一种服务，无论是编制导读书目还是组织读书活动，其目的都是为读者的阅读和学习提供服务。尽管"推广"是一种沟通干预活动，但是阅读推广干预的目的是帮助读者喜欢阅读、学会阅读，而不是对读者进行价值观与品行方面的教育。尽管"推广"还具有教育属性，许多人也认为阅读推广应该对读者的阅读内容、阅读形式，甚至阅读习惯进行教育。然而，这种教育多半是针对不爱阅读、不会阅读以及阅读有障碍的人群而进行，对于大多数普通读者而言，只需提供中立的、非干扰的服务型推广即可。

阅读推广作为一种公共文化服务，其公共产品的公益性与非排他性，还要求阅读推广需要保持服务的公平性，不得将具有党派教义的"教育"掺杂其中。即使是在具有教育职能的图书馆，也强调"图书馆员仅仅承担传递文献或咨询服务，不介入读者挑选文献的过程，不指导读者阅读，将知识与信息的选择权完全交给读者，甚至保守读者秘密，不让他人知道读者阅读的内容"；图书馆也因其保持服务价值的中立性而受人赞美，认为它的存在是社会民主制度的一种安排。

当下，阅读推广服务已成为图书馆的一种主流服务，尽管这种服务具有活动化和介入式的特征，却丝毫不影响其平等、包容、专业的优质服务理念，阅读推广人的行为也应该遵循图书馆的核心价值体系："开放、平等、包容、隐私、服务、阅读、管理、合作。"

3."自由"

阅读推广秉持的自由理念既不是哲学意义上的"自由"，也不是日常用语中的"自由"，应该属于法律层面的"自由"，主要包括阅读自由、藏书自由、信息自由三个方面。其中，阅读自由是整个现代社会文明，尤其是图书馆应该奉行的宗旨。许多学者坚定地认为："藏书自由是阅读自由的资源保障，能在市场采购到的书刊已经是审查筛选过的，图书馆不能也不应该再进行主观审查式选择；图书馆员无法逾越出版制度的藩篱，但对于'有关部门和有关领导'的过度关心和柔性干预，要秉持职业操守和道义予以抵制；即便是需要成人进行阅读指导的儿童，无论怎么强调他们的'自主阅读'都不为过。"阅读作为知识习得的方式，要想实现知识自由，首先要实现阅读自由。只有实现真正的阅读自由，才会有阅读之后的自由之国与自由之民。

4."权利"

阅读是一种权利，这是现代公民社会应该遵守的一条铁律。阅读推广遵循"权利"理念，是指任何阅读推广主体开展任何阅读推广活动时，都应该保护公民的阅读权。所谓"阅读权"是指每个人依法享有的阅读权力与利益；它以阅读的自尊、自主、自由为主要内容，以体现读者的个性为特征，突出反映"天赋人权""天赋价值"的人本主义精神。

为了保障公民的上述阅读权利，2013年以来，全民阅读立法进入国家立法工作计划，深圳、江苏、湖北、辽宁、四川等省市相继出台了地方性的阅读法规。设立全民阅读组织或机构、规范基金经费、指导公共服务、关照特殊群体、细化新闻出版方面的职责，是各地立法中的高频词汇；从组织架构到基金经费，从公共服务到部门职责，这些关乎全民阅读推广的"主干"和"枝节"，在五部地方性阅读法规中都有明确表述。由此可见，阅读立法既保障了社会立场上的公民阅读权利，又保障了机构立场上推广主体的职业权利，体现的是一个国家文化梦想与追求。

5."创新"

阅读本质上是一种个性化与私密性的体验活动，阅读推广秉持的全民理念、服务理念、自由理念、权利理念，必须遵循推广的逻辑前提——自愿行为的改变；即使是阅读立法，其出发点也只是为阅读权利的实现创造更好的法律制度环境，而不是对公民的阅读行为进行限制或者强制。这就要求阅读推广的方式只能是"吸引"，不能是"强迫"。

现代阅读推广尤其要秉持"创新"理念，在温故知新的基础上实现推陈出新。开展阅读推广活动更是成为图书馆这个实体空间中最能吸引读者、与图书馆使命最为贴切的工

· 81 ·

作。近年来,围绕阅读推广,重新设计图书馆服务空间、添置设备、进行服务场所改造的话题,日益成为图书馆学界和业界关注的焦点。此外,阅读推广人作为阅读推广服务的具体提供者,其服务创意和服务能力也被提到了空前高度。

一位优秀的阅读推广人至少应该具备三方面素质:一是工作的主动性,二是创新能力,三是具有调动社会资源的能力。然而,一个未经培训的阅读推广人是不太可能具备这些素质的,但一群阅读推广人或者说一个阅读推广团队,使得具备这些素质的可能性大大提高。因此,开展阅读推广人培训、设立阅读推广组织机构,已成为社会共识且正在付诸实践,也使得阅读推广"创新"理念的执行有了切实保障。

第二节 智慧图书馆建设对阅读推广的挑战

一、智慧图书馆阅读推广的发展背景分析

随着人工智能技术的不断成熟,中国社会正迎来智能化的崭新时代,同时全国各地也在如火如荼地开展智慧图书馆建设。不但如此,人工智能技术还满足了读者多样化的阅读需求,为图书馆的阅读推广创新提供了技术支撑。

(一)智慧图书馆创新了图书馆的服务模式

2012年后,中国读者可免费地享受公共图书馆提供的各项服务。尽管如此,公共图书馆仍然沿用传统的管理模式。因此,面对潮水般的读者,公共图书馆的各项服务水平有所下降。传统图书馆阅读推广的受众主要是那些缺乏阅读兴趣的人群。智慧图书馆应建立个性化的文献资源库,面向不同的读者群体开展差异化的阅读推广,构建多样化的服务模式。本质上而言,"图书馆传统的纸质文献服务模式已无法适应数字化时代的需求。"[①]

随着智能终端的不断普及,广大读者开始抛弃纸质文献,不约而同地选择移动阅读的方式。这就要求各类图书馆应顺应时代发展的潮流,将信息技术应用到图书馆管理和服务中去。与此同时,中国图书馆服务改革应以专业馆员培养和数字资源建设为抓手,通过借鉴当代国外图书馆先进的服务理念,提高图书馆的服务水平。

---

① 张贤淑. 智慧图书馆阅读推广创新策略研究[J]. 农业图书情报学报,2020,32(06):42-48.

(二) 智慧图书馆促进了图书馆阅读推广的研究

互联网的普及提高了信息传播的速度，而信息资源的加速传播也扩大了阅读推广的社会影响。在各种媒体相互融合的时代背景下，图书馆的阅读推广在线上和线下蓬勃发展起来。通过丰富多彩的阅读推广，读者获得了急需的知识。与此同时，图书馆也在不断开展智慧图书馆与制度建设的学术研究，以期扩大阅读推广的社会影响。此外，中国公共图书馆法实施以来，各地逐渐地完善了图书馆的典章制度。以图书馆阅读推广作为研究内容的科研项目日益增多，这促进了智慧图书馆的阅读推广向更高水平发展。理论界对阅读推广的深入研究不但丰富了传统的阅读推广理论，而且指导了智慧图书馆阅读推广的实践。这不但加速了智慧图书馆建设的进程，而且推动了阅读推广的开展。

(三) 智慧图书馆构建了多样化的读者阅读体系

在信息化社会中，用户对知识的依赖程度逐渐增强。智能手机、平板电脑和电子显示屏等智能终端拓展了用户获取知识的渠道。用户获取的知识也日益呈现多样化的趋势。为了满足读者个性化的阅读需要，各类图书馆也在持续地改革阅读推广的组织形式。这些改革方面涵盖创新阅读推广内容、举办读者交流活动和开展讲座网络直播等。图书馆组织的阅读推广吸引了大批读者，他们可全天候地查阅图书馆的数字馆藏资源，于是逐渐形成了多样化的读者阅读体系。

在数字化时代，读者的阅读方式以数字化阅读为主。智慧图书馆涵盖了数字图书馆的所有服务内容，可为读者提供多样化的数字文献资源。因此，智慧图书馆打造了以图书馆为中心的覆盖广大读者群体的多样化阅读体系。

二、智慧图书馆建设下阅读推广存在的主要问题

在图书馆不断向智慧化图书馆发展转型的今天，其面临着互联网、新媒体等行业的冲击与竞争，图书馆阅读推广工作需要直面问题与现状，在变革中求得发展与突破。

首先，在现代信息技术环境下，用户需求和阅读习惯都发生了转变，传统的阅读推广活动受到了时间、空间的限制，难以适应当下多终端下的碎片化、知识化、融媒体化的受众需求；同时，公共图书馆在阅读推广服务的载体、平台选择和搭建上存在一定差距，各级图书馆平台间信息交互关联不畅，缺少信息资源的有效整合和精准推送。

其次，公共图书馆的阅读推广内容选择上缺少信息的交互关联，单向的推荐阅读占据主导地位，缺少了对用户需求的关注和数据分析；同时，在推广内容上要进一步增强公共

图书馆对自身主体责任的认识，利用好资源优势，在弘扬中华优秀传统文化和增强文化自信上发挥作用。

最后，真正做好与智慧图书馆建设相适应、匹配的智慧阅读推广服务，离不开硬件设备与信息技术的支持，尽管当前各大图书馆已有各类相关的阅读体验设施，如虚拟现实、人工智能应答、各类机器人馆员等投入使用，但在实际使用过程中，不难发现其硬件与技术都处于初级阶段，用户体验并未达到理想效果，同时也缺少相应人才队伍适应其管理维护，这些都是智慧阅读推广服务需要突破的瓶颈。

三、智慧图书馆建设下阅读推广服务的新挑战

伴随着智慧图书馆建设与新技术发展，全媒体阅读时代的到来，让阅读从阅读本身转而成为一种多感官的全方位沉浸式体验，对图书馆阅读推广工作提出了新的要求。

（一）阅读载体的更迭

从大数据、物联网、云计算等新兴技术的发展更迭到各类智慧平台的开发与投入使用，在潜移默化中改变了人们的生活，也带动了图书馆行业的深刻变革。就用户而言，无论是生活方式还是行为习惯都发生了巨大变化，而阅读载体也从传统的书籍、报刊到各类音频、视频、图像等，抖音、微博等社交平台的出现，让知识信息获取的方式呈现出更加多元化、碎片化的特点，逐步进入数字化全媒体阅读的新时代，阅读开始呈现出移动化、数据化、社交化的特点。

（二）阅读内容的优化

海量的数据存储技术与众多新一代数字化技术手段的快速发展，改变了信息的获取方式。

一方面，将众多声音、图像、视频等信息转换为可阅读内容，极大拓展了阅读的范畴与信息知识的获取渠道。

另一方面，数字化的发展实现了精准推送，为人找书，为书找人变得更加简单、便捷、可实现，为受众的阅读提供了更多便利。

（三）阅读方式的转变

图书馆智慧化建设下，阅读变得越来越多元化。对于阅读场所而言，智慧图书馆空间建设背景下，图书馆作为城市第三空间的特征越来越明显，是城市的书房、会客厅，在众

多图书馆可以看到各种类型的空间建设，如阅读角、咖啡馆、创客空间等。

与此同时，众多网络空间的建设发展，让智慧图书馆的场所呈现出泛在化、虚拟化、智能化的特点，在新一代智慧图书馆建设完善下阅读的场景变得更加多元化。

对于阅读体验而言，现有技术的发展与应用让阅读体验更加丰富，让阅读变成视觉、听觉、触觉等体验化的阅读情境。

对于阅读的目的而言，阅读已经不仅停留在阅读本身，图书馆的各种阅读活动，在进行阅读推广的同时也具备了一定的社交娱乐属性，当下的阅读具备了娱乐、休闲、体验、社交、研究等不同属性，极大丰富了阅读方式。

第三节 智慧图书馆阅读推广服务的开展策略

智慧图书馆深刻地改变了传统图书馆的阅读推广服务。在开展阅读推广时，智慧图书馆应以传播媒体、读者阅读特征和读者个性化需求为抓手，通过提升阅读推广类型的多样化水平、加强阅读推广的动机与目标分析、参考整合营销传播理论和培养跨专业人才四个主要途径，来构建崭新的阅读推广体系。

一、不断提高阅读推广类型的多样化水平

智慧图书馆的出现，创新了传统图书馆的服务模式，个性化、多样化和智能化服务构成了图书馆崭新的服务理念。在"互联网+"条件下，如何创新图书馆的阅读推广服务，成为智慧图书馆建设亟待解决的问题之一。阅读推广体现了较强的个性化特征，一般由很多不同类型的服务构成。在开展阅读推广的过程中，图书馆应为读者推送个性化的文献资源，采用多样化的传播媒体，方便读者利用自身熟悉的渠道来获取知识。由于涵盖了不同的读者群体，图书馆有必要针对不同的读者群体设置个性化的阅读推广目标，这样才能方便读者选择适合自身的阅读内容。虽然图书馆的阅读推广内容具备个性化的特征，但是这些内容还应具有一定侧重性，这样才能保障大多数读者的阅读需求。

智慧图书馆可采用多种传播媒体来搜集读者的个性化特征。在深入地分析了这些个性化特征后，智慧图书馆可丰富阅读推广的类型，如网络直播阅读推荐、网络直播真人图书馆、读书专题讲座、图书漂流、微书评和阅读摄影展等。

二、加强阅读推广的动机与目标分析

对图书馆来说，阅读推广的目标是提高图书馆的服务水平。为了实现这一目标，图书

馆需要推进理论和实践创新，举办各种层次多样的智慧阅读推广项目。通过举办这些项目，图书馆可吸引广大读者来体验丰富多彩的智慧服务，同时扩大图书馆的社会知名度。利用人工智能技术来构建图书馆的智慧服务，需要创新阅读推广的种类和目标，形成多样化的智慧服务形态，才可打造切实可行的阅读推广策略。在开展阅读推广的过程中，图书馆只有针对阅读推广的动机和目标进行深入分析后，才能确定阅读推广的类型和服务范围。

为了实现文献推送的个性化，智慧图书馆需要采用数据挖掘、数据库和计算机网络等技术对读者的文献请求进行处理。虽然智慧图书馆阅读推广的动机和目标存在差异性，但是其总体目标还是吸引广大读者来体验图书馆的各项服务。不同种类的图书馆应针对不同的读者群体，构建个性化的阅读推广动机与目标，以满足不同读者的阅读要求。

三、基于整合营销传播理论提高图书馆阅读推广成效

智慧图书馆开展阅读推广应大胆地突破传统阅读推广形式和理念的束缚。图书馆可参考整合营销传播理论来提升自身的阅读推广成效。整合营销传播理论一方面把广告、促销、公关、企业形象识别系统和新闻媒体等一切传播活动，都包括在营销活动的体系之内，另一方面则使企业可将统一的传播资讯传送给消费者。图书馆整合营销传播阅读推广，是指通过将图书馆、文献资源和推广媒体等要素包括在阅读推广的体系之内，进而使图书馆可将统一的推广信息推送给读者。读者的阅读兴趣得到唤起后，自然可加入图书馆的阅读推广行列中去。在上述的运作过程中，智慧图书馆首先要解决阅读推广的受众、内容、方法和途径等问题。

为了解决上述问题，图书馆需分三步来做：第一，分析阅读推广受众的特征，建立不同读者的阅读特征模型。第二，针对不同的读者阅读特征模型，构建个性化的文献资源推送目标，并采用多种传播媒体来推送个性化的文献资源。第三，对整合营销传播阅读推广是否满足了读者的需求开展评价，使读者阅读特征模型可随读者的变化而改变，以优化图书馆阅读推广的成效。

因此，智慧图书馆的阅读推广应通过搜集、发掘和分析读者的阅读信息，动态地建立读者阅读特征模型，并以此为依据制定精准的阅读推广方案。此外，智慧图书馆不断地获得整合营销传播阅读推广中产生的读者阅读信息反馈，通过反馈信息不断地优化读者阅读特征模型，逐步地提高其阅读推广的成效。

四、培养跨专业人才，满足阅读推广发展要求

人才是图书馆发展和建设的宝贵财富，因此智慧图书馆需要大量的跨专业人才来参与

阅读推广。跨专业人才可在多元化和个性化的环境中，敏锐地察觉阅读推广中存在的问题，并可运用多专业的技术来解决这些棘手的难题。因此，为了加强阅读推广人才的培养工作，智慧图书馆应首先构建科学的人才培养体系。图书馆可针对不同专业的人才，制订差异化的人才培养计划，重点加强对信息传播和营销传播理论方面的培训。阅读推广人才培养的目标，应定位于使图书馆的专业馆员具备相应的阅读推广能力，能应对读者群体的需求变化。此外，图书馆应针对专业馆员开展新兴技术方面的培训。在"互联网+"条件下，计算机网络和人工智能技术不但已经渗透到读者学习的方方面面，而且也应用在各种移动学习工具当中。图书馆的专业馆员掌握了新兴技术以后，就能更好地开展多样化的阅读推广服务了。

在计算机网络和人工智能技术相互融合的背景下，智慧图书馆应运而生。智慧图书馆符合智能时代的发展趋势，能开展多样化和个性化的阅读推广服务。智慧图书馆可将数据挖掘和人工智能技术应用到阅读推广中去，针对读者的个性化阅读特征，开展精准化的文献推送服务。在网络时代，智慧图书馆应在阅读推广中融合多种传播媒体，以提升读者的阅读体验为目标。只有这样，智慧图书馆才能最大限度地扩大自身的社会影响力，使读者享受更加便捷的阅读推广服务。

第四节　数据驱动的智慧图书馆阅读推荐服务

一、研究的必要性与可行性分析

一方面，读者阅读需求与阅读推荐服务间的正相关关系，迫使阅读推荐服务走向数据驱动。阅读推荐服务是智慧图书馆的核心业务之一。在现代信息技术的推动下，该模式的服务特征逐渐由依据传统的信息源提供服务转变为以读者为中心提供服务，更加注重图书馆与读者之间的信息交流，在满足读者需求的基础上实现图书馆自身发展。因为阅读推荐服务与读者需求之间存在着正相关的关系，可将读者与阅读资源数据的交互关系看作图书馆智慧服务的核心所在。图书馆若能充分满足读者的阅读需求，就可极大激发读者利用图书馆的积极性，从而发掘出更多的阅读需求。而大量的新阅读需求可以为阅读推荐服务的平衡发展奠定良好数据基础，为图书馆阅读推荐服务的创新发展提供强大的驱动力。因此，充分利用数据驱动研究读者阅读需求，可以提升阅读推荐服务的质量水平，构建起图书馆与读者之间的良好关系，在获得读者满意和认可的基础上实现图书馆自身的持续发展，推动图书馆服务创新。

另一方面，大数据技术的发展推动阅读推荐服务朝着数据驱动方向前进。随着大数据技术的发展和应用，图书馆阅读推荐服务的形式也在不断转变，逐渐由传统静态、稳定的服务模式向动态、扩展的服务模式转变。如何满足读者随时随地的阅读需求则成为智慧图书馆服务要解决的关键问题。大数据技术在收集、挖掘、分析读者各种显性与隐性的阅读需求等方面具有优势。因此，随着大数据技术在图书馆的应用领域越来越广，数据驱动的科学研究视角越来越重要。利用数据驱动视角，可以准确把握各种阅读资源数据之间的科学关联，深度挖掘其应用价值，构建起全新的阅读知识结构与服务模式。基于数据驱动研究智慧图书馆阅读推荐服务，可以为广大读者提供更加科学、准确且高效的阅读推荐服务，同时也可以让图书馆保持自身良好的创新发展驱动力，实现现代数据驱动思维在图书馆传统核心业务上的科学运用。

二、数据驱动的智慧图书馆阅读推荐服务模式特征

基于数据驱动的服务体系，核心是以元数据为中心的索引技术，对大规模、异构数据信息进行科学处理与整合，从中提取有价值的信息资源，用来满足特定用户的信息需求。所以，在此概念基础上，基于数据驱动的智慧图书馆阅读推荐服务模式，具有数据情景化、数据索引性、数据目录化、数据集成性的特征。

（一）数据情景化：影响阅读推荐服务的维度与形式

随着移动互联网技术的发展与智能交互设备的兴起，图书馆的服务形式呈现出多样化趋势。依据读者情景数据为其提供服务成为智慧图书馆服务的重要形式之一。数据情景化的运用，可以协助智慧图书馆阅读推荐服务，根据读者情景数据为读者推荐适合其当下阅读行为的阅读资源；通过收集读者在现实社会中的各种情景数据，如资源情景数据、服务情景数据、社交情景数据、移动情景数据、技术情景数据、环境情景数据等，将读者阅读行为感知的各种情景数据进行整合，再对其进行分析，发现读者潜在的阅读需求，拓展阅读推荐服务的维度，丰富阅读推荐服务的形式。

（二）数据索引性：决定阅读推荐服务的深度与广度

随着信息超载以及数据量的成倍增长，图书馆阅读推荐服务更加注重数据索引技术的应用。智慧图书馆阅读推荐服务需要在对相关数据、摘要、目录表等进行研究分析的基础上，才能形成读者所需的阅读资源数据。所以，数据索引性的特征就是指：在图书馆提供

的经梳理后的阅读资源数据基础上，读者可通过特定的链接、按钮等与图书馆构建起自身与目标资源数据的直接关联，以此获得所需的阅读资源数据。这就是智慧图书馆阅读推荐服务数据索引性特征的具体体现。数据索引性特征能够拓展读者阅读信息检索内容的深度，拓宽阅读推荐服务的广度。

（三）数据目录化：引导阅读推荐服务的方式与方法

在数据驱动视角下，图书馆可以构建起以数据索引为基础的在线目录系统，以此实现数据目录搜索功能，便于读者对图书馆的阅读资源数据进行查询和访问。目前市面上较为成熟的商用搜索引擎都是采用目录化的形式提供服务，但因其过度追求经济利益，导致搜索结果并不一定具有公正性与客观性。反之，智慧图书馆提供的阅读推荐服务，采用数据目录化特征搭建搜索引擎，可以在保证具有一定的数据挖掘技术水平条件下，满足读者复杂的数据目录搜索服务需求，创造兼具直观性与客观性的阅读资源数据检索方式，创新读者通过简单操作即可获得相关性最强的阅读资源数据的检索方法。

（四）数据集成性：提升阅读推荐服务的技术水平与智慧程度

智慧图书馆阅读推荐服务的技术基础属性为一种基于现代数据驱动思维的综合性数据信息服务平台系统。该平台系统提供的服务能够打破阅读资源数据在结构、内容方面的差异性与局限性，集成不同数据技术的优势，搭建起一种读者与图书馆广泛交互、充分共享的阅读资源数据渠道，从而实现阅读推荐服务功能，提升智慧图书馆的服务层次。数据集成性的特征，体现和升华了智慧图书馆阅读推荐服务在数据驱动作用力下的技术水平与智慧程度。

三、数据驱动的智慧图书馆阅读推荐服务模型构建

在数据驱动下，数据环境一直处于动态变化中。这对智慧图书馆阅读推荐服务的内容与形式提出了更高要求：内容追求数据化，形式追求可视化。智慧图书馆阅读推荐服务进入一种全新的创新发展模式，逐渐形成全面、开放、协同、交互的生态系统。所以，在数据驱动下，从生态系统金字塔的研究角度，智慧图书馆阅读推荐服务模型包含以下四大功能模块。

功能模块一：用户行为感知模块。该模块是系统的底层要素，决定了阅读推荐服务的内容与方向。

功能模块二：阅读资源数据模块。该模块是系统的中间层要素，能够对碎片化、异构

化的阅读资源数据进行整合处理。

功能模块三：阅读知识组织模块。该模块是系统的核心层，完成阅读资源数据的挖掘再生从而实现更多价值。

功能模块四：阅读推荐服务模块。该模块是系统的顶层要素，实现阅读与读者之间的高效交互，是系统的应用层面。

本书基于以上四个功能模块，构建起基于数据驱动的智慧图书馆阅读推荐服务模型，以此实现阅读资源数据的充分利用与高度共享。

（一）用户行为感知模块

用户在知识结构、认知能力等领域所表现出的主观性差异，显著影响着智慧图书馆阅读推荐服务水平。与普通阅读推荐服务不同，基于数据驱动的智慧图书馆阅读推荐服务的读者需求感知过程是一个隐性交互过程。阅读推荐服务系统通过读者终端感知读者情景数据，推断读者潜在阅读需求；在读者行为感知的过程中，积极主动地收集读者阅读需求、阅读行为习惯、阅读兴趣偏好等数据；用对读者阅读行为的自动感知取代读者阅读需求的主动表达，围绕读者本身，基于终端平台收集各种读者情景数据，共同组成系统化的用户行为感知模块。而这个模块也成为基于数据驱动的智慧图书馆阅读推荐服务模型的基础层，即底层，它决定了阅读推荐服务的内容与方向。

（二）阅读资源数据模块

阅读资源数据模块主要作用于数据的碎片化处理与重新整合。通过对开放性的碎片化阅读资源数据进行重新整合，智慧图书馆阅读推荐服务基于读者需求对阅读资源数据进行加工，将其转变为读者需要且便于读者理解接收的阅读资源数据形式。在这一过程中，碎片化阅读资源数据将根据数据挖掘等技术，实现阅读资源数据的深度分析，然后借助智慧图书馆系统独特的算法，将其转化为结构性、带有索引的阅读资源数据，有针对性地满足读者个性化、差异化的阅读需求。

（三）阅读知识组织模块

阅读资源数据内在知识价值的挖掘与创造是阅读推荐服务的核心内容，也是阅读资源数据向知识转变的语义化、结构化、分析化的组织过程。其基本流程如下。

第一步，通过数据清洗、转换、集成等技术手段，对原始阅读资源数据进行优化处理，根据读者需求将其转化为对应的数据粒度等级，然后经过分割、抽取等处理手段对其进行语义识别，形成阅读知识元，明确每一个阅读知识元的内涵与类型，并将其归类整合为不同的阅读概念单元，完成阅读资源数据语义化组织处理。

第二步，对上述阅读知识元进行加工，构建起阅读知识元的内外部关联体系，通过聚类分析、数据集成及融合技术，对阅读知识元进行结构化处理，使其转变为对应的阅读知识链，然后通过多变量处理等技术手段完成关联分析，将阅读知识链转化为以阅读领域知识为对象的结构化阅读知识库，完成阅读资源数据结构化组织处理。

第三步，借助数据挖掘等技术，对阅读知识库的相关信息进行加工处理，构建起新的阅读知识体系，为高水平阅读推荐服务奠定数据基础，完成阅读资源数据组织化处理。

通过以上三个流程，阅读资源数据将完成从阅读知识元到阅读知识链再到阅读知识库最后到阅读知识体系的转变。

（四）阅读推荐服务模块

作为读者与图书馆阅读推荐服务的交互媒介，阅读推荐服务模块发挥着重要作用，实现了阅读资源数据在图书馆与读者之间的科学交互。具体表现如下。

从使用者主观感受来说，阅读推荐服务模块的服务界面需要满足读者个性化、差异性、可视化的阅读信息检索服务需求。而借助现代互联网技术，基于数据驱动，阅读推荐服务可以为广大读者提供高效、便捷的阅读信息检索服务，并将阅读资源数据推荐以个性、特质的形式送达读者，以保证阅读推荐服务的质量水平。

从数据客观处理来说，阅读推荐服务模块能够及时、精准地捕捉到图书馆阅读知识元的更新数据，围绕动态变化的阅读知识链，综合运用视觉编码等技术手段，对已经结构化、分析化的静态阅读知识体系进行处理，形成一种可视化的动态阅读知识图谱。以一种读者容易理解的方式将阅读资源数据提供给读者，提高读者对推荐的阅读资源的认知和掌握能力，将阅读资源数据以阅读知识图谱的形式可视化呈现。

从系统工具角度来说，在充当交互媒介的过程中，阅读推荐服务模块还需充当交流沟通的工具，一边向读者推荐满足其潜在阅读需求的阅读资源数据，一边收集和整理读者使用阅读推荐服务的体验与感受。根据读者反馈信息对推荐服务进行改进，让智慧图书馆阅读推荐服务按照自我成长的生态系统发展规律保持自身的持续优化。

四、数据驱动的智慧图书馆阅读推荐服务模型运行机理

机理是为实现特定功能，系统结构组成要素之间的工作方式，以及各要素在一定环境条件下相互联系、共同作用的运行规则与原理。具体到智慧图书馆阅读推荐服务模型运行

机理，则是指图书馆在数据驱动下开展阅读推荐服务的过程中，阅读推荐服务系统各组成要素之间的运行规则、运转原理与作用方式。

（一）运行规则具有生态性

基于数据驱动的智慧图书馆阅读推荐服务，是图书馆在传统阅读推荐服务的基础上提供的一种创新工作，其本质就是信息服务。根据信息生态学的观点以及前文分析的智慧图书馆阅读推荐服务模型构成，基于数据驱动的智慧图书馆阅读推荐服务模型可由三部分组成，分别是阅读推荐服务主体、阅读推荐服务本体、阅读推荐服务环境。

阅读推荐服务主体，即阅读推荐服务相关人员，包括阅读推荐服务的提供者和消费者。其中，阅读推荐服务的消费者是决定阅读推荐服务是否需要开展、服务是否有价值的关键主体，也是模型运行中用户行为感知模块的数据来源。

阅读推荐服务本体，即阅读推荐服务内容本身。按照模型构建层次与模型运行内容，可分为阅读推荐内容的资源建设与阅读推荐内容的组织建设，阅读资源数据模块与阅读知识组织模块分别作用于它们。

阅读推荐服务环境，则可分为包含阅读推荐服务相关网络环境、个人隐私等宏观层面的外部环境和图书馆开展阅读推荐服务所需要的软硬件条件等微观层面的内部环境，模型运行中的阅读推荐服务模块需要基于本要素才能起作用。

三个组成要素在上述四大功能模块中，为实现智慧图书馆阅读推荐服务的总目标构建起相互联系、相互作用的具有生态关系的运行规则。

（二）运转原理符合生命周期

系统要正常运转，必须遵守一定的运转原理。基于数据驱动的智慧图书馆阅读推荐服务模型运行机理，前文已分析其运行规则具有生态性，所以生态学中的生命周期也适用于本模型运转。根据生命周期理论，智慧图书馆阅读推荐服务模型运转需要历经四个阶段，分别是萌芽期、成长期、成熟期、衰退期。

萌芽期：书馆探索数据驱动对阅读推荐服务的具体工作模式运行的作用，智慧图书馆阅读推荐服务模型初具雏形。

成长期：在读者需求不断增长的推动下，阅读推荐服务获得快速发展，智慧图书馆阅读推荐服务模型与图书馆服务工作制度化、规范化的结合越来越紧密。

成熟期：智慧图书馆阅读推荐服务模型已形成特色服务路径，智慧图书馆阅读推荐服务体系健全，能够完全满足读者的需求。

衰退期：读者需求发生质的变化，智慧图书馆阅读推荐服务模型不能满足读者需求，服务面临转型升级。基于数据驱动的智慧图书馆阅读推荐服务模型，随着生命周期的运转，其运行机理可以逐步健全并优化。

（三）作用方式为正向数据流

统一的标准化检索入口是基于数据驱动的智慧图书馆阅读推荐服务的技术基础。基于标准化的检索入口，阅读推荐服务系统才能够对相关阅读资源数据进行分析处理，才能发挥数据驱动的优势，高效、快捷地处理海量阅读资源数据，将其转化为结构化的阅读知识体系。在这个过程中，数据驱动贯穿始终，阅读资源数据从数据驱动力作用的起点——阅读知识元，到数据驱动力作用的终点——阅读知识体系，形成了一股正向作用的数据流，并将数据驱动阅读推荐服务的最终结果以可视化方式呈现。

通常，数据驱动的作用就是将数据从整个服务过程的起点一直作用到服务过程的终点。在这期间，数据一直处于正向流动。而阅读资源数据在这个过程中的具体流动路径如下：以 API 接口为基础对阅读资源数据进行调用和提取，结合读者需求完成阅读元数据的索引准备工作，然后借助数据抽取、映射及导入技术对阅读元数据进行聚合处理，使其转变为读者需要的阅读资源数据内容与格式进行反馈输出，最终以可视化的形式供读者了解和掌握；必要时可结合其他数据处理技术对阅读资源数据进行加工处理，将阅读资源数据转化为面向不同读者的不同形式进行输出，以此保证阅读推荐服务的针对性与有效性。基于数据驱动的智慧图书馆阅读推荐服务，通过其数据驱动的正向数据流作用，来实现阅读资源数据的高效处理与综合利用，以此保证阅读推荐服务的质量。

五、数据驱动的智慧图书馆阅读推荐服务模式

在智慧图书馆阅读推荐服务过程中，数据驱动着阅读资源数据的流动，就是为了将阅读资源数据以揭示其内在知识价值为目标推送给读者，以满足读者潜在的阅读需求，引导读者阅读以及利用图书馆资源。所以，基于数据驱动的智慧图书馆阅读推荐服务模式，可以从技术服务的数据流、内容服务的知识发现、读者服务的可视化三方面展开。

（一）数据流——创新智慧图书馆阅读推荐技术服务过程

从数据流这个技术层面来看，基于数据驱动的智慧图书馆阅读推荐服务，可以创新传统阅读推广服务模式，使其转换成为一种更加开放、友好、安全的阅读资源数据网络，在确保相关数据安全性与可靠性的基础上，实现阅读资源数据的高度共享、高效传播与有效

利用，最终形成特定的阅读知识生态系统，满足读者个性化的阅读信息需求。在这一过程中，充分发挥相关数据处理技术的优势，借助数据解构、数据整合等技术对数据流进行科学管理，可以保证阅读推荐服务的智能化与智慧化，实现阅读资源数据由原始资源数据向知识资源数据的转化与流动，推动智慧图书馆阅读推荐服务的创新发展。

基于数据流创新智慧图书馆阅读推荐技术服务过程，主要包括确定分析对象、信息分类模型、分析手段、分析数据结构表达模型四个部分。其中，分析数据结构表达模型是工作重点。智慧图书馆阅读推荐技术服务，就是指对阅读资源数据的整理。基于数据驱动的智慧图书馆阅读推荐服务模式数据情景化、数据索引性、数据目录化、数据集成性的特征，我们可选取单指标推动力结构模型，为智慧图书馆阅读推荐服务数据结构表达模型，通过该模型进行阅读资源数据分析与阅读资源数据可视化前的数据建模。在具体建模过程中，系统可按照阅读资源数据整理的指标，将每一位读者设为阅读资源数据总量、阅读资源数据推动力、阅读资源数据增速、阅读类目百分比四类；利用单指标推动力结构模型对其进行数据建模，将阅读资源数据总量及推动力指标按照维度进行分解，将主节点的增速分解到从节点的推动力、增速与百分比上，通过阅读资源数据总量与分解后的一级维度和二级维度进行叠加制定建模方案。

面向单指标视角的阅读资源数据流分析数据结构表达模型建模方案的设计，实质就是以推动力结构模型为基础，对某一主题的阅读资源数据开展定量逻辑梳理，形成满足阅读推荐服务目的的数据结构，为数据挖掘与可视化设计提供量化指标。基于数据流的阅读推荐技术服务，能够有效克服传统分析工具的缺陷和不足，根据读者需求有针对性地采取最佳方式完成阅读资源数据的整理工作。

（二）知识发现——创新智慧图书馆阅读推荐内容服务方向

数据挖掘等现代数据驱动思维的科学运用，加快了智慧图书馆服务创新发展的速度。从数据驱动智慧图书馆阅读推荐服务过程中可以发现，阅读资源数据在服务过程中的起点以知识元的形式存在，在服务过程中以知识链、知识库的形式发生价值传递，在服务过程的后期以知识体系、知识图谱的形式对外呈现。整个服务过程中，通过数据驱动，阅读资源数据实现了增值，形成了能引导读者阅读行为走向或对读者有决策参考作用的阅读知识。这是阅读推荐内容服务方向从传统推荐阅读书目向推荐阅读知识的一种转变。

所以，在数据驱动下，图书馆可以基于知识发现研究分析读者数据，对读者的潜在需求、使用偏好、兴趣习惯等进行深度挖掘，通过建立用户画像对其阅读需求进行预测，以此作为阅读推荐服务开展的依据，提高读者使用智慧图书馆阅读推荐服务的满意度；同时，利用知识发现中的分析、评价等技术手段对阅读资源数据进行收集、处理，将知识发现服务与阅读推荐服务进行融合，实现图书馆馆藏资源的深度加工、深层挖掘，深度挖掘图书馆现有资源的阅读价值，提升阅读推荐服务的层次。

具体操作可以分为三个部分进行：①建立起目标数据与查询数据之间的数据流转过程。将待查询数据与目标数据库进行连接，通过服务平台将待查询数据与本地数据库、远程数据库进行精确匹配，依据相关分析技术完成从非结构化数据到结构化知识的阅读资源数据的收集、处理。②搭建起服务平台与其他数据库之间的数据协作渠道。将服务平台与图书馆基础数据库、机构知识库、专家学者库、科研人员库、学科馆员库等数据库之间实现跨库协同，将不同数据库进行关联，进而完成深度挖掘，实现数据到知识的升华。③开发服务平台与读者服务使用终端之间的数据智能技术：从用户角度出发，丰富数据收集方式；从分析角度出发，强化数据挖掘技术；从服务角度出发，优化数据评价模式；从环境角度出发，完善服务软硬件条件。

(三) 可视化——创新智慧图书馆阅读推荐用户服务方式

智慧图书馆阅读推荐服务的创新发展在大数据的环境下，需要充分发挥数据驱动的作用，才能够对规模庞大、结构复杂的原始阅读资源数据进行加工处理，将其转化为具有特定结构特征的阅读资源数据，向读者提供可以满足其特定应用需求的阅读推荐服务。在服务过程中，为了让读者更加直观、简便、准确地了解和把握相关推荐的阅读资源，图书馆除了注重内容服务的个性化外，还应重视服务方式的选择，这关系到读者的接受程度。由此，基于各种视觉编码技术的可视化呈现，就成为智慧图书馆阅读推荐用户服务方式创新的一个方向。

可视化可以从根本上解决智慧图书馆阅读推荐服务中遇到的推荐数据庞大且关系复杂的问题，可视化方案的设计则可以提升阅读推荐服务质量。目前，可视化系统设计最基本的形式为静态显示与动态显示。通常情况下，静态数据显示具体表现为基于可视化系统模型，结合视觉编码技术工具以图元的形式对数据处理过程及结果进行输出展示；而动态显示输出则采取一种交互式的数据处理和输出方式，针对大规模、复杂的数据系统开展研究分析，可以更加全面、准确地显示即时数据信息，充分满足读者对阅读资源数据时效性、可靠性的需求，以此提升读者使用推荐服务的满意度。

就智慧图书馆阅读推荐服务可视化方案设计来说，图书馆可选择将静态数据以多视图关联交互为主要呈现方案。以单指标推动力结构模型分解为基础，集合前文阅读资源数据流，分析数据结构表达模型建模方案，设计好数据结构以后，即可展示相应的可视化方案。而读者与图书馆之间交互的含义具体表现为：单个阅读资源数据之间读者可以与之直接进行信息交互；面对多个阅读资源数据彼此关联的页面交互行为时，需要将任一阅读资源数据的操作行为，设置成可以影响所有对应的阅读信息数据；而来源于同一阅读资源数据的不同显示内容时，可以在多视图关联操作时完成数据筛选，从而呈现出由读者操作行为引起的特定交互推荐阅读资源数据的变化。

可视化技术的应用，可以将复杂的数据信息以简单、直观的形式进行显示输出，能显著提升阅读资源数据的可读性；同时，能够发挥智能标签技术的优势，根据读者的阅读需求、个性偏好，对阅读资源数据进行选择性呈现与重要程度排列。读者通过日常的阅读浏览行为逐渐接受图书馆的阅读推荐服务内容，图书馆因此能将阅读推广服务润物细无声地转变为引导读者开展阅读行为，最终提升图书馆阅读推荐服务的精准性。

总而言之，在创新阅读推荐服务模式的过程中，只有准确把握图书馆的未来发展趋势，才能让创新工作事半功倍。在大数据蓬勃发展的时代潮流中，只有利用数据驱动思维，以读者需求为中心开展阅读资源数据的分析与处理，才能构建起高度共享、高效传播、广泛交互的阅读推荐服务网络与平台，发挥大数据技术的真正价值，为读者提供更好的阅读推荐服务。这也是图书馆开展阅读推广所努力追求的目标之一。

第五章 智慧图书馆服务的多元化探索

第一节 智慧图书馆的学科服务

随着学科服务的深化，基于用户需求的学科服务内容越来越个性化和专业化，传统图书馆基于 OPAC 的仅针对纸质资源的揭示方式，已经无法满足读者的学习和科研需求，对数字资源以容量为单位的粗放型描述，使得学科馆员无法对专业资源进行聚类统计。这不仅给资源建设工作带来困扰，同时也不能满足高校的学科建设需求。基于此，研究者认为，传统的以"库"为粒度的粗放型产品陈列模式，急需转变为以"篇"为单位的精细化标引，以便学科馆员为读者提供精细化、个性化的学科服务；智慧图书馆应该为图书馆向读者提供必需的服务给予完善而有效的支撑，管理全媒体时代图书馆所需面对的所有馆藏类型，管理与数字资源相关的获取、揭示、入库、整合、利用等生命周期整个过程的业务流程。

基于学科服务中读者提出的种种需求，智慧图书馆系统应运而生。该系统是构建在文献元数据仓储上的图书馆门户，能够更好地满足图书馆信息服务个性化的需求，尤其是在资源组织上，能解决长久以来图书馆无法对馆藏数字资源进行盘存和组织的问题。

一、智慧图书馆系统支撑学科服务的优势表现

（一）资源组织方面的优势表现

1. 图书馆的核心竞争力——资源组织

图书馆核心竞争力是建立在图书馆各种资源基础之上的获取、开发、整合资源的特有能力。不在于拥有多少资源，而是对文献信息资源的集藏和整序能力，并在此基础上为读者提供专业化、个性化的知识服务，从而最大限度地满足用户需求。一直以来，学科馆员只能通过 OPAC 的后台管理系统对纸本资源进行统计和整理，编制专题书目推送给读者，而对于数字资源无能为力。但是，智慧图书馆系统能帮助学科馆员精准把握本馆的学科资

源分布，对具体学科具体专业的支撑文献能够准确地把握，在学科服务的具体工作中做到有的放矢。

2. 实现对数字文献资源的组织与盘存

长期以来，图书馆无法对馆藏数字资源进行组织和盘存，学科馆员在对数字馆藏进行盘存时，往往只能用"个"或"TB"为单位，来对数据库的个数或资源容量进行描述，而对资源的内容进行梳理、归纳并向读者推送进行个性化的学科服务根本无法实现。随着各图书馆尤其是研究型高校图书馆在采购资源时纸本复本的减少，以及数字资源采购力度的加大，对数字资源进行组织和盘存的需求越来越迫切。智慧图书馆系统对资源的揭示打破了传统以"库"为粒度的粗放型产品陈列模式，通过对以"篇"为单位的纸质文献和数字资源进行整理和归类，完全可以实现对数字文献资源的组织和盘存。

3. 多样化的资源组织形式

由于在智慧图书馆系统建设中，将馆藏的每一篇数字和纸质的文献都进行整理编目，因此，学科馆员可以通过多种方式和主题来组织文献，如方志、标准、名家大师、民国文献。大学图书馆学科服务的主要内容是支持教学、科研和学科建设。因此，通过智慧图书馆系统，可以用多样化的资源组织形式来完成不同内容、不同层级、不同需求的学科服务：服务教学——课程图书馆；服务科研——研究专题图书馆；服务学科建设——虚拟专业分馆。

（二）文献管理方面的优势表现

读者对文献的管理也是对个人知识的管理，对文献的有序管理可以提高读者学习和科研的效率。智慧图书馆系统可以无缝链接平台内所有纸质和数字资源，包括阅读记录、文献订阅、收藏书架、检索档案等功能模块。读者不仅可以通过保存检索式对学科前沿进行订阅跟踪，还能在阅读文献的同时，直接对文献进行标签、收藏、分组以及参考文献管理，省去了在不同数据库、不同平台、不同文献管理软件之间的格式切换和数据处理。此外，智慧图书馆系统的文献管理提供以用户账户为管理单位的云平台服务，支持PC间文献信息的同步管理。

二、智慧图书馆系统支撑下的学科服务思路

（一）构建智慧图书馆系统的整体架构

智慧图书馆系统构建在文献元数据仓储上，可以管理全媒体时代图书馆所需面对的所

有馆藏类型，其资源组织形式的多样化，足以支撑这些资源的获取、揭示、入库、整合和利用。

智慧图书馆系统通过对资源的组织，可以协助学科馆员更好地服务机构：建设课程图书馆、研究专题图书馆和虚拟专业分馆，以更好地服务教学、科研、学科建设；通过对文献管理，协助学科馆员更好地服务个人；建设个人资源库，以更好地服务读者。

(二) 馆藏分析与资源组织：服务机构

1. 课程图书馆：服务教学

智慧图书馆系统可以协助学科馆员建设课程图书馆，以课程为单位汇编教学课程资源来支撑教学。课程图书馆是面向教学的应用场景。教学课程资源的建设是高校基本建设和大学图书馆馆藏建设的重点之一，对专业建设和学科发展都具有重要意义。学科馆员可以根据教务处和研究生院所提供的课程目录，将学校所有课程的指定教材和参考用书按院系、学科和课程类型进行汇编，在教学课程资源库完成统一调拨和集中管理。任课教师可以根据课程需求，及时在课程图书馆补充推荐阅读材料，以及供学生课后观看、课前思考的参考材料，还能在课程留言区和学生进行互动讨论。学生不仅可以查看到每门课程的指定教材、参考图书、推荐论文、讲义资料和历年考试真题，还可以在线观看任课老师推荐的学习视频并完成在线练习题。教学课程资源库的建立，解决了图书馆资源与教学平台服务的对接问题，加强教学管理部门、学院与图书馆之间的协作，提高学生的学习效率，简化查阅课程资源的过程，提高课程资源的共享速度和准确性。

2. 研究专题：服务科研

智慧图书馆系统可以协助学科馆员建设研究专题图书馆，以科研项目为单位汇编课题的参考文献来支撑并推动科研。科研专题图书馆是面向科研的应用场景。除了学科馆员，所有读者也都可以利用智慧图书馆系统来创建个性化的专题图书馆，他们既是资源的使用者，也是服务的建设者。读者作为科研专题资源的创建者，根据自己的科研课题和兴趣爱好，创建自己的科研专题，除了在其中添加图书馆现有馆藏中的图书专著、期刊论文、学位论文、专利标准外，还可以上传其他类型的资料（如PPT）进行补充。同时，其他读者在看到该读者创建的科研专题后，可以对该资源进行关注，从而建立兴趣小组，并在该专题内进行交流和讨论。除此之外，在科研专题资源库设置"馆员推荐"模块，学科馆员不仅可以协助小组成员对资源进行整理和汇编，还会对做得比较好的专题进行推荐，避免读者信息筛选的重复劳动，使更多有相同兴趣的读者加入研究小组中。也就是说，科研专题资源库可以帮助资源创建者发现和寻找相同科研兴趣的研究者，然后在学科馆员引导和协助下，共同进行科学研究。这不仅是面向读者的科研社交、分享服务，也是读者从入学到校友的终生服务。

3. 虚拟专业分馆：服务学科建设

智慧图书馆系统可以协助学科馆员建设虚拟专业分馆，以学院/专业为单位汇编纸质和数字文献资源来支撑学科建设。虚拟专业分馆是面向学科建设的应用场景。传统的专业分馆是以具体的某一个或多个相近的专业为服务对象，在总馆直接领导下进行专业文献资源建设，以及面向专业的信息资源服务，与总馆相比，专业分馆与学科和专业的联系更加紧密，能够为学科和专业发展提供更为专业化、个性化、有针对性的文献资源保障。但是，在实际建设过程中，往往受复本数量和地域局限的影响，资源共享效率不高。虚拟专业分馆则是建立在总馆所有资源和服务基础上，通过对以"篇"为单位的纸质文献和数字资源进行整理和归类，将图书馆的所有文献资源按院系进行虚拟的划拨、调配和馆藏分析，让不同学院的读者在进入本学院的虚拟专业分馆后，可以快速了解本专业的相关资料和服务，不仅可以体现传统专业分馆学科服务的个性化和针对性，还可以最大限度地提高馆藏利用率，并丰富学科服务的维度。

（三）文献管理：服务个人

智慧图书馆系统可以协助读者个人进行文献管理，以个人资源库形式管理读者的阅读记录、文献订阅、收藏书架、检索档案、文献评论等。个人资源库是面向读者个人的服务。科技以人为本，智慧图书馆系统的服务以充分满足读者需求为己任：智慧图书馆系统对读者个人的服务优势体现在个人资源库的文献管理功能上，从浏览到下载，从阅读到借阅，从收藏到订阅，从学习课程到建设专题，从文献检索到文后参考文献的管理和格式规范……个人资源库的文献管理智慧服务是对读者教学和科研的最佳助力。

三、重庆大学智慧图书馆的学科服务实践案例

重庆大学图书馆与重庆维普资讯有限公司共同打造了重庆大学新一代的智慧图书馆门户，通过对所有馆藏数字和纸质资源的重新梳理，构建在文献元数据仓储上的智慧图书馆系统，不仅解决了对数字文献资产的盘存管理问题，也实现了对馆藏资源的个性化组织汇编功能。

（一）重庆大学智慧图书馆服务机构的实践

在智慧图书馆系统支持下，重庆大学图书馆的学科馆员实现了对教学、科研和学科建

设的支持，打造了支撑教学的课程图书馆、支撑科研的研究专题图书馆和支撑学科建设的虚拟专业分馆。

1. 课程图书馆

重庆大学教学课程资源库的建设是重庆大学图书馆联合教务处和研究生院共同建设完成的，主要根据各专业的课程体系，对专业教学涉及的教材及教辅材料进行文献建设和保障。教务处和研究生院为图书馆提供学校各学院开设的本/硕/博专业课程及其指定教材和参考书，学科馆员根据课程列表及其指定书目联系任课教师，共同对教材、参考书、教学课件、习题集、教学资料汇编、学习光盘、历年考卷和题库进行整理和加工，还为读者收集和展示课程相关的电子教材、参考图文、教学视频、讲义资料、相关软件等，解决其电子版权问题后整理存储上网，提供给学生进行开放访问和下载，以最大限度地为读者扩充专业学习的阅读面、做好课程文献保障工作。

2. 研究专题图书馆

重庆大学图书馆科研专题资源库的内容，来自学科馆员对本校各研究团队在研课题项目的整理。学科馆员针对各国家级实验室和教育部重点实验室的重要课题和研究方向，整理图书馆相关资源，进行推荐和推送。此外，利用为研究生讲授科技文献检索课的契机，积极与学生及其团队联系：作为科技文献检索课程考察的重要组成部分，研究生需结合自己的科研方向完成一份类似查新报告的课程大作业，学科馆员充分利用该环节引导学生，让学生在课题组当前研究基础上进行选题检索，并在专题图书馆建立一个小的专题。专题建成后，不仅可以通过智慧图书馆系统添加相关文献，还可以与团队伙伴分享该专题，并在团队外寻找有共同兴趣的研究伙伴。此外，智慧图书馆在系统资源更新后，会及时向专题小组成员推送该主题最新文献，帮助他们及时了解和掌握该主题的最新研究动态。

3. 虚拟专业分馆

为了响应国家"双一流"大学建设号召，更好地服务于重庆大学的一流学科建设，重庆大学图书馆为全校 33 个学院建设了虚拟专业分馆。重庆大学机械工程学院虚拟专业分馆，包括能在超过 1.29 亿篇"纸本+电子"全文资源的基础数据中，进行检索的资源搜索模块、针对机械工程专业的科研专题资源库和馆员推荐专题、机械工程学院教学课程资源库、机械工程学院常用专业数据库，以及能够根据用户使用习惯进行资源推荐的功能模块"猜你喜欢"等，还提供科技查新、文献传递、信息素养教育平台等科研常用服务的快速链接。

除了课程图书馆、研究专题图书馆、虚拟专业分馆等模块之外，重庆大学图书馆将逐渐增加按照文献专题进行类分的虚拟分馆，比如方志馆、标准馆、民国文献馆、知名教授文献馆。此外，重庆大学图书馆将成立"学人文库"，通过"系统推送+个人认领""手动添加+学科馆员审核"关联 ORCID ID 和 RESEARCHER ID 自动更新等方式，协助科研人员建立个人学术主页，在深化与人事处、科技处和社科处合作的同时，助力学者个人学术成果的推广。

（二）重庆大学智慧图书馆服务个人的实践

重庆大学图书馆读者凭"书斋"账号和密码登录智慧图书馆系统后，进入个人资料库，对自己的阅读记录、文献订阅、收藏书架、检索档案、文献评论、教学课程资源库、科研专题资源库、馆员推荐和"我的消息"等个人的检索、使用、操作记录进行管理。在阅读记录里，读者可以查看自己的浏览、下载、借阅历史；在文献订阅里，读者可以订阅自己感兴趣的期刊，并在期刊每次更新后第一时间收到系统推送；在收藏书架里，读者可以查看自己收藏的所有纸质和电子文献，不仅可以按主题对这些文献进行标引分类，还可以以参考文献格式导出题录到各类参考文献管理软件中；在检索档案里，读者可以保存和查看自己的检索式，并对其进行订阅，以便追踪研究前沿；文献评论与书评系统无缝连接，是读者分享阅读心情的小天地；教学课程资源库和科研专题资源库是读者编辑、查看自己建立或参与专题的快速入口；馆员推荐是学科馆员对优秀专题资源的推荐；"我的消息"则包括私人消息和系统通知。

第二节　智慧图书馆资源服务与实施

一、智慧图书馆资源服务体系及实施方式

图书馆是不断生长的有机体，资源是图书馆开展服务的基础，资源内容和形式的不断变革，智慧技术手段的不断引入，共同改变了图书馆的服务实践，智慧图书馆的服务体系也由此需要重新构建。体系中，各服务模式间应用集成、深度融合，从而保证能够为广大读者提供专业化、泛在化、智慧化的服务。本节基于智慧图书馆的资源变化和技术手段演进，探索图书馆服务模式架构及其实施方式，力图让图书馆把握技术变革、适应智慧环境、满足读者需求提供参考。

（一）智慧图书馆资源服务体系的总体思路及层次

图书馆服务的资源基础从文献转向数据，使得图书馆能够不断吸纳新技术，重构服务体系。本研究以大数据环境为背景，多类图书馆服务资源为基础，图书馆创新服务手段为依托，资源、服务、技术、馆员和读者为核心五要素，创新图书馆服务模式，基于"技术—资源—空间—服务—读者需求端"的逻辑体系，构建智慧图书馆服务体系。

面对全新的图书馆资源环境，单一的服务模式已不能适应图书馆的服务现实，面对复杂的读者需求和多态的数据类型，智慧图书馆的服务模式将是由多角度、多层次的服务模式交融构成的完整服务模式体系。模式体系以技术、资源、服务、读者、馆员为5个核心要素，包括技术层、资源层、空间层、服务层和需求层5个服务层面，系统构建图书馆服务体系。

技术层。如前文所述，图书馆的服务技术正处于迭代关键期，除传统的自动化技术外，更多的是纳入新的智能技术。图书馆可建设包括移动网络、人工智能、物联网、感知技术、云计算、数字展示等在内的图书馆技术基础，为图书馆开展智慧服务提供技术支撑。

资源层。传统的文献资源转向数据资源，面向多源异构的海量资源，图书馆需要更多的资源整合、交换、共享和挖掘。这一背景下，图书馆可根据通用或自建的数据标准及规范，采集和整合相关资源，完成数据建库和数据关联。同时，图书馆根据自身的不同定位与读者、图书馆联盟、高校等不同对象展开数据交换和数据共享，由此形成各类云数据中心。

空间层。由于资源类型的转变和服务手段的变化，提供读者服务的图书馆空间也需要重新设计。智慧时代的图书馆服务空间，进一步转向线下物理空间和线上虚拟空间的深度融合，最终实现线上线下空间的实时对接，无缝集成。

服务层。在传统基础文献服务的基础上，图书馆架构其服务平台和软件系统，形成智慧资源服务系统，提供给读者新技术服务、需求对接、资源建设、空间再造等服务内容。

需求层。该层构成智慧图书馆服务体系的最末端，需求与图书馆服务双向交互，服务的最终目的仍是为满足用户需求，而新信息环境下，读者对资源、技术的新需求进一步驱动图书馆服务变革，形成图书馆服务发展的根本内因。

图书馆服务模式体系的形成，实际上是图书馆服务功能演化实现和能力提升的过程。这一过程中，图书馆在内部要素的不断调整下，会受到如技术环境、政策推动和社会意识等外部各种因素影响。技术环境是服务模式演化的主要外部动力，在整体技术环境的改变下，图书馆也须紧跟潮流、适应时代需求，技术环境影响着图书馆服务功能的提升演化，进而影响模式的改变。政策推动是图书馆服务发展的关键外部因素，图书馆在转型中需要上层建筑的指导，政策一方面要提供图书馆服务转型升级的物质保障；另一方面要提供服务转型升级的方向指导，实现图书馆服务的协同统一。社会意识是图书馆服务提升的核心外部因素，社会意识的变化将为图书馆提供驱动力和牵引力，同时，社会意识的变化直接关系到图书馆的读者需求，直接为图书馆服务创新指出变革的方向。

新信息环境下，图书馆的服务体系发生变革，结合新一代技术手段，在内外部因素的协同下，拓展和创新了图书馆的服务方式，形成智慧时代公共图书馆发展的新模式。

（二）智慧图书馆资源的典型服务模式及实施

基于图书馆服务体系，本研究总结智慧图书馆的核心服务模式及当前典型实施形式，将智慧图书馆服务体系划分为资源、技术、读者、空间4个核心导向，资源与技术是图书馆服务模式变革的核心动力，读者需求则是图书馆服务模式创新的根本方向，在三者的基础上，延伸出智慧图书馆服务变革的关键——空间重构。本研究力图以这4个核心导向简化复杂的智慧图书馆服务体系，从理论与实践两个方面，探讨当前智慧图书馆服务模式的发展前沿。

1. 核心：资源建设

信息资源是图书馆开展服务的基础。当前，图书馆已经形成以"数据"为主要表现形式，兼顾实体馆藏、数字资源、数据资源类型，兼容结构化、半结构化、非结构化数据状态，采用新技术，最终达到丰富、融合、共享状态的资源体系。匹配资源体系变化，发现服务资源的建设模式呈现4种转变趋势。

（1）资源采集方式自动化。面对"云时代"的海量信息，单纯依靠资源采购、被动获取传统资源的采集方式，已无法适应图书馆服务要求，智慧图书馆需要借助云计算、大数据等自动采集技术，完成针对读者需求的多源异构资源的自动采集，整合融汇从而形成智慧服务的资源基础。

（2）资源存储数字化和云端化。云计算具有海量的存储性能、高速的计算性能、可靠的安全性能、强大的共享性能及无限的扩展性能，使得图书馆资源可被存储在云端，大幅降低图书馆资源存储的软硬件压力。

（3）资源建设主体多元化。更加强调"读者参与"，图书馆资源建设开始趋向"图书馆—读者共同体"协同模式，读者与馆员间、读者群体间有机联动，主动或被动地将需求传达给图书馆，开始兼具资源创造者和利用者的角色，前所未有地扩大数字图书馆的资源范畴。

（4）资源加工深度化。在资源的深度加工上，智慧图书馆已经从信息的知识解构加工深入到知识建构加工，不仅要将资源分解出知识单元，更要融合词表工具和数据聚类、挖掘技术，在知识间建立语义关联和融合，重新对知识进行建构，挖掘新知识。

长期的资源建设中，图书馆逐渐暴露出"买多建少"的重复建设问题，各个图书馆资源相似度高，难以吸引读者。智慧图书馆条件下，信息获取渠道的极大丰富使得图书馆必须依靠资源质量、资源创新来吸引读者，图书馆的服务定位由文献信息中心转向数据信息中心、公共文化中心，依靠特色资源展开特色化服务，吸引读者成为图书馆的主要服务模式之一。

在资源建设的革新模式下，智慧图书馆最终呈现的读者资源应更为关注服务对象对资源服务的需求。面向普通读者，未来主要是公共数字文化资源建设与文化精准扶贫服务。智慧时代的图书馆，需要推进公共数字文化服务，重新定义知识素养和知识能力，承担图书馆从"识字"教育转向信息素养教育。目前，在新时代图书馆建设上，通过建设统一云服务，以"群众点菜"的模式推动公共文化服务的供需对接，促进公共文化服务均等化、便利化。同时，因地制宜、因人施策，根据特定服务环节和读者对象，开展精准服务，致力于提高读者的信息素养和专业技能。

面向专业人员，智慧图书馆未来的资源服务方式主要是智库服务，基于数据仓库、云存储、数据挖掘、知识管理等新技术，将基于服务目标、采集、组织、建设相关资源，展开情报分析、大数据分析、数据挖掘、知识挖掘等服务，最终提供智慧层面的建议、决策和预测结果。当前我国一批公共图书馆和高校图书馆已经开展了丰富的智库资源建设，并为目标读者展开服务，提供信息咨询、专利查新、科研立项、领导决策等服务。

2. 导向：新技术应用

技术是图书馆发展的关键因素，图书馆从纸质时代到智慧时代，技术始终是其向前迈进的核心动力。在图书馆的漫长发展过程中，新技术无论以何种方式颠覆图书馆建设与服务的基础，最终都将呈现图书馆与技术融合发展的态势。当前，图书馆核心技术发生转变，语义网、云计算、大数据、物联网等技术的出现，深刻影响了图书馆的服务理念和组织架构，图书馆一方面不断吸纳新技术，扩展新的服务技术领域以便更好地服务读者；另一方面，继续传承或深化已有的核心技术，保证核心服务业务的承续。新技术在图书馆普及较快，如大数据分析、云计算、虚拟现实等，已经在图书馆得到广泛应用，创新出智能统计、读者云空间、数字展示等服务内容，最受瞩目的是人工智能技术。

人工智能作为计算机科学的一个分支，是以强大的计算能力、高速的网络带宽及大规模的数据集为基础，模拟、延伸和扩展人的智能理论、方法、技术和应用系统的综合性科学。图书馆可以借助人工智能的发展理念和技术形态，充分实现人与人、人与物及物与物之间的智慧互联，通过采用人工智能的深度学习模式，实现深度挖掘图书馆内外部数据资源的智慧化服务模式。当前图书馆主要借助人工智能技术开展"智慧虚拟馆员"服务，通过人工智能引擎，形成学习语料库与行业知识智能，实现智能咨询、聊天、检索等功能。未来的人工智能将会在资源内容服务上进一步深化，如实现自然语言检索、语义分析、综合识别等功能。

3. 中心：读者需求

智慧环境下，"以读者为中心"的理念得到加强，以读者为中心是图书馆生存与发展的基础，也是未来图书馆发展的核心战略。图书馆在力图突破时空限制外，更多地关注如何将读者与资源、空间关联起来，以读者为中心实现基于资源、技术、空间的读者服务，最大程度地满足读者需求。为实现以读者为中心的图书馆服务元素间的关联，强化与读者间的交互成为图书馆的必然选择，智慧图书馆背景下，读者精准资源建设、读者交互的服务模式成为主要服务方式，借助各类分析、交互技术，图书馆力争实现对读者的全面信息采集和需求挖掘，满足读者的个性化需求。这类服务模式主要体现在深度个性化服务中。

智慧图书馆的个性化服务在现有服务基础上，进一步转向"大数据+小数据"的服务方式。大数据包含图书馆资源、业务、活动等各类关联数据，是图书馆展开个性化服务的基础；而小数据是以单独个体为中心，围绕不同个体采集相关思想、行为、个性、爱好等动静态情境信息。在传统个性化服务基础上，智慧图书馆借助大数据、云计算、移动终端，获取读者特征和周围环境，将庞大且复杂的图书馆应用微小化，转化为移动服务，方便地实现"大数据+小数据"的服务，形成读者档案，从而开展读者个性化服务，为读者提供个性化推荐信息、资源定制、位置信息、图书检索等所需服务。

4. 趋向：空间再造

传统图书馆将空间与实体资源、文献服务结合在一起，图书馆空间构造以文献服务为中心，预留大量文献存储与流通区域，而随着智慧时代的到来，图书馆资源更多地转向数据资源，剥离实体资源后，图书馆服务更多转向除单纯文献服务以外的多类型文化服务，将读者吸引到图书馆，发挥图书馆作为空间的作用，是智慧时代图书馆服务功能的关键；将空间新定位与新兴数字技术结合，探讨空间的新延伸，是图书馆在智慧时代服务体系的核心。目前，国内外大量的图书馆都在空间重构方面展开实践，图书馆的空间重构尝试，从最初的共享空间到学习共享空间、研究型空间，再到目前广受关注的创客空间、城市阅读空间等，智慧图书馆将以技术为依托，在传统空间服务的基础上，将线上虚拟空间与线下物理空间进一步融合，发挥图书馆作为信息共享空间与创新社区的作用。

（1）在线上空间方面，云图书馆是典型的服务方式，在国内外图书馆移动服务建设中占据越来越重要的位置。运用云计算、云服务、物联网等技术，将分布式存储、按需使用等方式，纳入移动图书馆资源服务体系架构中，使其具有传统移动图书馆并不具有的动态性、灵活性和可扩展性，提升图书馆服务效能。云图书馆基于读者客户端，提供数字图书馆的一切服务，并实现资源的云端获取。同时，其具备动态交互性，可进一步采集读者情景信息，基于读者画像开展个性化推送服务，满足读者的个性化定制需求。

（2）在线下空间方面，文化体验空间是图书馆扩展空间功能，丰富资源展示渠道，创新服务方式的集中体现。传统的图书馆资源展示方式始终要与"书"联系在一起，随着VR虚拟现实、AR增强现实、多点触控、大屏展示等技术的出现，智慧图书馆拥有更加创新的资源展示方式，得以脱离书本的既定形式，借助展厅展示资源内容。通过对图书馆资源的挖掘，数字展厅既可以展示如古籍等珍贵资源的仿真模型，也可以展现原创的图书馆文化故事、业务流程、讲座活动。同时，图书馆可以根据对象特征嵌入不同的技术，如基于地面触摸感知的少儿展厅、基于大屏显示的青少年教育展厅、基于虚拟仿真的盲人展厅，实现静态空间与动态空间、实体空间与虚拟空间、物理空间与精神空间的融合。

二、智慧图书馆资源服务实施的有效策略

当前，由于缺乏系统的理论研究和实践指导，智慧图书馆的发展仍存在诸多障碍，难以有效地组织图书馆现有资源开展高效的服务建设工作。下面从资源、服务、技术、馆员和读者五个方面，提出智慧图书馆服务的实施策略，力图为解决图书馆实际发展问题提供借鉴。

（一）智慧图书馆资源建设的实施策略

1. 注重联盟合作，避免资源重复建设

面向泛在的信息环境，单个图书馆的建设能力更为弱化，无法匹配资源的增长速度。当前，图书馆的资源建设已经暴露出重复建设的弊端，大量图书馆购置相同资源，经费多用在无创新性的资源建设上，难以集中力量完善资源体系。新信息环境下，智慧图书馆更需要依靠相互合作，改变各自为阵的局面，共建信息资源，各有侧重，融合彼此的资源、技术、人才，形成互补的信息服务主体联盟，共同满足读者的信息需求。

2. 构建特色资源，彰显馆藏特色

图书馆的建设目前陷入"千篇一律"的瓶颈，注重资源的全面，而忽略资源的特色。图书馆已不再是读者获取信息的唯一渠道，作为信息传播媒介的作用不断弱化，面对海量的信息资源，图书馆为吸引读者，需要建设针对自身馆藏资源和服务定位的特色资源。图书馆可以关注其长期发展过程中积累的丰富文化资源，了解读者需求，从学科、领域、类型、语种等方面，形成图书馆的特色资源体系，并在这一基础上不断发展，进一步丰富资源和服务，打造图书馆品牌。

（二）智慧图书馆服务创新的实施策略

1. 立足服务模式规划，加快服务模式创新

图书馆的服务模式已经从资源、技术、形式等方面发生巨大转变，全新的服务模式已逐步出现。各个图书馆在迈向智慧化的过程中，要结合自身服务能力，做好服务模式的转变规划，以传统服务模式为基础，通过技术和资源，不断延伸服务，形成服务体系，从而避免过度追逐技术。当前，智慧图书馆的服务尚未有统一定义，图书馆服务的内容可以随时更新、调整，并加以创新，不同的图书馆也可以各有侧重，有不同的发展方式。智慧图书馆的服务创新也要结合所在馆的实际情况，建立在广泛的读者调研和科研论证基础上，兼顾稳定和创新。

2. 重构服务流程，以"读者中心"为导向

当前图书馆服务主要以文献为中心，以线性单向式服务为主。随着图书馆资源和依托技术的变化，图书馆的服务流程将趋向以"读者为中心"，围绕读者开展服务，更多地转向以读者为圆心的发散式服务。服务流程不再单向，而是动态交互的。面对新信息环境，图书馆的服务流程需要予以调整，新增服务线路，同时剔除和弱化低效率服务。图书馆在服务流程的重构中，可考虑以"读者为中心"，在读者的需求导向下，自行组建知识服务，更多地关注本馆读者需求。

（三）智慧图书馆技术应用的实施策略

1. 加快建设面向下一代图书馆服务平台

20世纪80年代以来，基于互联网与数字化技术的图书馆集成管理系统，在各类图书馆中得到广泛实施，极大便利了图书馆的文献管理与读者服务。步入智慧时代，随着数字资源占比的不断扩张，现有的图书馆集成管理系统已暴露出不足，下一代图书馆服务平台

将成为图书馆服务更新迭代的必然途径。下一代图书馆服务平台能够协同管理多模态数据，支持图书馆全流程业务的智能化，并实现与其他系统的互操作性。图书馆应结合自身实力，加快步入新一代图书馆服务平台，以应对新一代图书馆的资源管理与服务需求。

2. 定制技术引进规划，避免技术滥用

在技术应用上，图书馆需要紧跟技术发展潮流，合理规划技术引入。技术更新迭代，带来图书馆资源和服务的全面升级。图书馆技术升级是必然趋势，但图书馆正处于复合图书馆转向智慧图书馆的过渡阶段，图书馆的技术设备、系统、人才等尚未适应智慧图书馆要求。图书馆在引进新技术的同时，要系统考察本馆需求，探讨设备、系统、人员的兼容性，制定合理的规划以最低成本解决技术引入中的数据迁移、系统并存、人员适应等问题，避免盲目引入高新技术却可能处于闲置的尴尬局面。

（四）智慧图书馆馆员提升的实施策略

1. 不断优化升级馆员结构，提升馆员综合信息素养

技术在图书馆的不断深入，改变了图书馆服务流程，要求图书馆培养相应的技术馆员以满足服务。面对服务需求，一方面，图书馆需要进行馆员结构调整，优化各业务领域人员配比，促进图书馆业务的开展，完成馆员结构升级；另一方面，对现有馆员加强培训，推动馆员掌握新技术，传播以读者为中心的核心价值观，保证馆员具有较高的信息素养以适应图书馆变化。

2. 积极培养馆员知识服务能力，关注知识挖掘服务能力

当前图书馆的服务已经完成从单纯文献服务到知识解构服务的转变，采用主题词表、书目等工具，分解复杂信息，提炼关键特征传达给读者的服务模式已经较为普遍。随着智慧图书馆的不断深入，图书馆的知识服务将从知识解构转向知识建构。图书馆员将帮助读者筛选资源信息，完成思考过程，直接提取海量信息中的知识，并以易于理解的方式展现给读者。这要求图书馆在培养馆员时，关注知识挖掘服务能力，进一步将图书馆馆员的角色转向信息咨询专家，脱离图书馆日常事务，开展创造性工作。

（五）智慧图书馆读者交互的实施策略

1. 注重培养读者，建立动态的读者档案

当前图书馆正处于从被动服务向主动服务的过渡期，培养读者的意识尚未普及，读者档案建设处于起步时期。未来读者的档案将在图书馆服务发展中发挥越来越重要的作用，

图书馆应及早抓住转型机遇,较早关注读者数据,重视读者的培养,与读者形成良好的互动关系。当前,图书馆可以建立读者的个人档案,在传统读者基本信息基础上,记录读者的借阅记录、到馆时长、检索频率、荐购内容等信息,了解读者的动态和静态情境信息,从而保证图书馆有能力根据馆藏优势开发针对读者的个性化服务产品,主动对其推送个性化服务信息。

2. 线上线下交互并存,提供公共服务体验空间

智慧图书馆已经突破传统的图书馆时空限制,由单纯的信息传播机构转向公共文化服务体验的空间,以线上线下无缝衔接的新模态满足读者的公共文化服务需求。图书馆可以通过线上线下相结合的方式,线上通过数字图书馆、数字门户、移动图书馆、云图书馆等,实现资源的广泛开放;线下将资源结合技术,开展如数字展厅、创客空间、教育讲座等活动,完成公共服务体验空间的建设,满足读者的多重信息需求。

综上所述,智慧图书馆的服务模式总体以新资源格局为基础,充分利用物联网、云计算、大数据、移动互联等技术,构建感知全面、互联泛在、应用智能的图书馆服务体系,实现资源、技术、读者三者间的双向多元信息传递,全面提升图书馆的资源建设、业务管理及读者服务能力。

在瞬息万变的新信息时代,智慧图书馆的范畴不断扩展,这也代表了未来图书馆发展方向的无限可能。未来的图书馆会面对更完善的技术环境、更复杂的资源来源途径,创建更丰富的服务类型。图书馆在实践中,需要更加关注"以读者为中心",结合本馆需求完成从复合图书馆到智慧图书馆的过渡,灵活应对障碍,与读者协同建设智慧图书馆。

第三节 智慧图书馆的情境感知服务

如今,"智慧图书馆"个性化服务研究已成为国内外研究的热点,各种创新性服务屡见不鲜,但对"智慧图书馆"个性化服务评价研究反而少见,这正是本研究的重点工作。本节试图构建"智慧图书馆"情境感知服务模型,并设计和量化个性化服务评价指标体系,进而对图书馆情境感知服务提出建议。

一、情境感知与情境感知系统

(一)情境感知的界定

任何可以用来描述与人机交互相关的实体情形状态的信息皆可被称为"情境"(Context)，此实体可以是人、位置、系统功能、服务等，包括用户和应用本身。

情境感知也被称为"上下文感知"，是对智能终端设备、上下文、物理环境等构成的整体进行管理、调整和安排，建立用户与系统或设备间相互连接的基础，为其他服务开发提供统一的应用框架。近年来，有关情境感知应用的研究正在飞速发展。由刚开始只是源于位置感知的应用，如感知用户所在的地理位置（如智能博物馆导览系统），发展到能够根据用户当前状态进行感知，并据此为用户提供个性化服务。

随着移动网络的发展，以智能终端设备为载体的情境感知应用越来越多。这些移动设备可以通过 App、局域网来获取用户特征和周围环境，为用户提供个性化推荐信息、位置信息、图书检索信息等各种所需服务。智能技术和情境感知技术的有效融合，促进了智能情境感知研究的发展。在情境感知的应用中，除了各种智能设备外，用户希望情境感知应用可以根据周围环境和用户过去的经验来提供服务。所以情境感知系统应该具有获取用户实时情境信息的能力，并可以结合用户个人信息描述、设备状态和情境状态，反馈用户需要或改进自身操作。其中情境感知技术是图书馆发展过程中必须经过的关键一步，是构建"智慧图书馆"过程中的一个新里程碑。

（二）情境感知系统

情境感知系统是情境感知的具体应用，是能够针对用户的需求利用与情境有关的信息提供服务的系统，是能检测周围工作环境或情境，并根据情境变化调整行为的系统。结合到智能情境感知应用，情境感知系统是可以智能地通过采集、分析情境信息自动地判别用户的需求，并用于服务目的的系统，实现更为精确的人文关怀则是情境感知系统的发展目标。

结合到智慧图书馆中的智能情境感知系统，其相关技术与设备主要包括：①传感器技术。它包括声音、光线、气体、湿度、压力传感器等，通过与物联网设备连接，实现图书馆空间环境监测与调控、智能家居设施设备调节等功能。②RFID 技术。图书馆应用包括自助借还书、自助检索等。RFID 技术能够帮助图书馆员提高盘点、定位和顺架的效率。③iBeacon 技术。它主要用于为用户提供定位导航服务。④NFC 技术。由于 NFC 技术具有非常好的安全性，如果把 NFC 技术与 Wi-Fi 加密技术结合在一起，能够实现 Wi-Fi 快捷、方便、安全地解密。⑤人脸识别技术。如门禁系统、智能安防、智能追踪与推送服务等。

二、情境感知对智慧图书馆服务提升的促进

情境感知不仅在普适计算领域应用广泛，而且在智慧图书馆空间服务、在线服务、用

户咨询和用户检索等方面也有较多应用。情境感知能够通过物联网设备、感知设备采集用户即时的位置、需求、状态等信息，结合用户的使用历史、偏好、个性特征等信息及时提供智能化服务反馈。尤其是结合近场服务设施设备，向目标用户呈现个性化、泛在化、集成化的服务，提升服务的前瞻性、主动性与灵活性。

（一）有助于提升服务体验性

智慧图书馆的目标是实现以用户为中心的智慧服务。情境感知能够围绕用户需求，从空间服务、信息服务、人文关怀等角度，提供适合用户的应用服务模式及内容推送服务。同时，情境感知服务还能够通过对智慧图书馆空间的升级与改造，提供学习、展览、教育教学、线上线下服务等多种体验性服务，积极提升智慧图书馆空间服务的服务效率、参考咨询的覆盖面、室内定位与导航的准确度与及时性，提升用户在智慧图书馆空间中的临场体验。

（二）有助于提升服务个性化

个性化服务是智慧图书馆综合服务能力的典型代表。在情境感知服务方面，个性化服务既包括为用户提供更为契合需求的信息或知识服务，又包括在空间服务方面提供更适合用户个人行为习惯特点的个性化空间服务。不同用户的需求与使用偏好各异。智慧图书馆情境感知服务能通过跟踪分析用户在馆行为，结合用户时间情境和历史行为情境，为用户提供基于用户情境的针对性推送服务，由此，智慧图书馆情境感知应用能够更好地结合用户实时需求实现个性化服务。

（三）有助于实现服务泛在化

智慧图书馆利用移动网络环境与物联网技术，能使用户在置身于实体图书馆环境时，体验到线上线下服务的有效融合。例如用户入馆后会被 iBeacon 蓝牙近场识别，信号会被 Wi-Fi、Zigbee 传感器捕捉，也会被通信端移动定位并建立 NFC 进场通信，触发情境识别，建立线上服务与线下环境无缝的交互式近场服务环境。同时，这种服务不仅体现在实体图书馆，而且也包括虚拟图书馆、在线服务等领域。

（四）有助于提升服务集成化

情境感知能对用户的临场信息与历史行为信息进行分析，判断用户的临场状态，在实时安防、室内引导、实时咨询等方面提供更为高效的应用集成。深度融合的近场服务还可实现图书借阅、信息获取、资源推送、咨询答疑、虚拟情景学习和讲座预约等集成服务，提升智慧图书馆服务的集成性。情境感知的集成，不仅体现在对线上线下服务方式、服务内容的集成，而且还体现在对不同对象情景的整合应用上。

（五）有助于增强服务主动性

传统图书馆的服务主要是应答式反馈服务。这种服务模式较为被动且缺乏主动性。结合情景感知的智慧图书馆服务，能够通过对用户历史行为数据与临场行为数据比较分析，再结合用户聚类分析结果，实时提供基于用户情境分析的服务方式和服务内容，同时满足用户的显性和隐性服务需求。如结合不同的温控、光控、压力传感器实时采集用户数据，主动为用户提供更为舒适的临场环境。

（六）有助于提升服务精准性

对于不同性格的用户而言，部分用户愿意被关注，部分用户则倾向于隐匿自身行为，降低存在感。所以，在传统服务模式下，图书馆的接触式服务并不适合每个用户的情境服务需求。智慧图书馆背景下的情境感知是改进图书馆服务模式与服务环境的重要途径，在空间服务愈加得到业界重视的情况下，利用情境分析能有效获取用户的入馆行为，并对图书馆的服务环境设置进行适度调整，实现智慧图书馆服务的自适应调整，更有利于实现面向不同用户在不同时段、不同场所的精准服务、主动服务。同时，利用智能设备的非接触性服务，也能有效保障部分用户的行为隐私，从而获得更多用户的认同。

（七）有助于提升服务灵活性

普适计算的情境感知应用，能实现自动分配运算压力、智能检索与咨询、为馆员提供更为合理的决策支持等功能，可以根据用户情境来判定相关服务能否提供，以及如何触发和执行，降低智慧图书馆服务所需的人工干预，提升服务灵活性。以座位预约系统为例，用户通过系统可以自主选择或由系统推荐人员集中或分散的区域，并结合座位的实际物理空间条件（位置、朝向、采光等）因素选择座位，从而提升智慧图书馆空间服务的灵活性。

三、基于情境感知的智慧图书馆服务重塑

图书馆作为文献信息中心，必须要顺应时代发展要求，加强自身建设，为用户提供更好、更便捷的服务。智能技术和情境感知技术的有效融合，促进了智慧图书馆应用服务的

发展，在空间服务、内容服务与服务渠道领域，诸如基于系统情境的服务、基于内容情境的应用、基于用户情境的多元服务等方面，可以实现自动感知服务，从而提升图书馆智慧服务的功能与效率。

（一）积极完善智慧图书馆系统

情境是构建未来图书馆用户服务的核心元素，情境感知则是实现图书馆人文关怀的重要途径。在人工智能与物联网技术的共同促进下，智慧图书馆情境感知系统可以通过感知设备自动获取情境信息。无线传感器、网络技术、RFID 技术、NFC 技术和 iBeacon 技术，可以提升情境感知系统信息获取能力。国外图书馆情境感知服务研究侧重于实践。

融合情境感知的智慧图书馆，不仅能实现线上线下的基于语音识别和机器学习的自助检索与咨询服务，而且也可以提供虚拟图书馆服务、座位预约服务，甚至是提供用户健康信息服务；还可以进一步采用用户画像技术，应用机器学习等智能技术分析和挖掘用户大数据，构建用户画像，以用户画像关联用户和资源，为用户提供个性化智慧服务。深圳市盐田区图书馆的"图书馆智慧平台的研究与示范项目——图书馆座位预定管理系统"等，是情境感知对智慧图书馆应用的重要发展，是情境感知完善智慧图书馆服务的典型实例。

（二）不断优化智慧图书馆服务内容

在智慧图书馆的服务优化上，情境感知咨询服务、情境感知检索、情境感知推荐是智慧图书馆个性化信息服务的重要形式。传统的信息服务能够实现基于数据库的信息检索与服务，但精准的个性化信息服务实现起来却较为困难。基于情境感知的智慧图书馆服务可以构建基于用户的个性化服务模型，利用实时情境信息对用户的需求进行分析与预测，向用户提供准确的信息服务和知识服务。基于情境感知的智慧图书馆可以实现基于内容推送、基于关联规则和协同过滤推荐三种资源推送方式。其中协同过滤的情境信息处理可以通过网络筛选兴趣相近的用户信息，实现需求预测和关联信息推送，提高用户的满意度和体验感。基于情境感知的智慧图书馆个性化服务，能够利用感知设备准确获取用户的历史行为信息与即时情境信息，对用户的即时需求进行更为准确的预测与判断，推送更为精准的服务信息，实现对智慧图书馆服务内容的优化。

（三）大力拓展智慧图书馆多元服务

通过多年的发展，不管是在普适计算领域，还是在图书馆的具体应用服务领域，情境感知服务都随着感知技术、人工智能技术的不断发展而日渐成熟。从图书馆的发展来看，智慧图书馆融合了实体图书馆、数字图书馆、智能图书馆和虚拟图书馆的功能，是感知技术、信息技术、大数据技术、人工智能、物联网技术、移动网络技术对图书馆的重构与发展。

图书馆的情境感知服务主要有以下三个方面：即基于时间、位置、多维度的服务。基于情境感知的智慧图书馆服务，能够实时获取用户的个人属性信息、空间位置信息、兴趣爱好、使用行为等数据。先进的物联网技术，通过感知设备获取用户情境并分析、预测用户检索需求与信息需求，从而实现基于用户潜在信息需求的无感过渡与实时提供，其多元发展能够有效提升用户的临场体验与服务满意度，促进智慧图书馆服务的多元发展。

（四）有效改善空间情境感知服务

对情境感知的应用，不仅实现了图书馆从信息服务到知识服务的转变，而且也推动了系列创新技术在图书馆领域的应用与发展。智慧图书馆需要融合情境感知，通过移动设备、室内近场感知设备为用户提供智慧服务。基于情境感知的下一代图书馆可以提供更为精准的空间访问服务。下一代图书馆在情境感知的辅助下，能够使智能安防与用户个性化服务更为有效。结合 3D 展示技术，以 A-PEX 技术为基础打造的 3D 虚拟图书馆，为后期图书馆应用 3D 技术、AR/VR 技术进行入馆教育与在线用户教育提供了新的思路。以 RFID 为基础，结合位置感知开发的面向 Android 系统和 Web 浏览器的图书位置导引服务，是提升图书馆综合情境服务能力的典型应用。

智慧图书馆当前对情境感知的发展应用，还包括利用微服务（微信、微博等）结合情境感知设备，改善智慧图书馆的空间应用情境，使用户的入馆体验、空间体验得到进一步提升。对智慧图书馆而言，实体图书馆仍然是其基础服务的重要开展场所与工作核心，对实体图书馆空间功能的延伸成为智慧图书馆服务范畴的重要拓展方向。在第三空间理论的影响下，智慧图书馆服务也从传统图书馆的以知识与信息服务为中心，逐渐演变为集知识信息服务、休闲娱乐、研究探讨、创新创业等多元主体相融合的以用户为中心的服务体系。

（五）不断提升网络情境感知服务

移动终端和情境感知技术的创新服务，是智慧图书馆的重要发展方向。情境感知对智慧图书馆的提升，并不简单地表现在对智慧图书馆传统服务的改善与升级上，还体现在对图书馆的网络情境感知服务范畴与模式的改进上。

第一，智慧图书馆可以利用移动终端在社交网络平台，如 QQ、微信、微博、人人网等搭建用户服务平台并开展在线服务，根据用户的动态情境信息提供个性化的知识咨询与文献内容服务，从而提升智慧图书馆的服务水平。

第二，智慧图书馆可以依托情境感知系统对用户群体实行更为精准、细致的划分与分析，实现用户多元聚类，并提供协作支持服务。

第三，智慧图书馆可以依靠各种智能传感设备，对内部数据进行监测，对各类资源进行自动识别与控制，实现对内外部环境的有效管理。

智慧图书馆的情境数据分析，应尽可能结合用户历史数据与当前情境信息。这样不仅能更好地提供个性化服务，而且也能较好实现基于移动网络的用户精准服务。如移动视觉搜索服务、图书馆微服务、智慧图书馆系统平台构建，都是利用网络情境感知提升智慧图书馆服务的有效模式。

（六）积极拓展智能情境感知服务

智慧图书馆建设应当依托人工智能技术，构建以智慧服务升级为导向的"大图书馆"智能服务路径，拓展智能情景感知服务。情境感知及其系统应用就是利用传感器及其相关技术采集情境数据，并应用于智慧图书馆系统的服务。情境感知能够进一步提升智慧图书馆对用户个性化需求的满足度，并根据情境信息为用户提供更为广泛的服务。当前，人工智能以计算机技术、深度学习、情境智能感知为基础，开启了面向智慧图书馆的智能情境感知服务。所以，情境感知是人工智能的重要基础，人工智能也是情境感知的重要应用模式与体现渠道。有学者曾经指出，智慧图书馆的发展必须以人工智能为依托，通过不断融入"机器学习+人工智能"的模式，依靠对馆藏资源的自动标引、用户服务请求的自主响应，实现动态、实时的智慧图书馆用户服务，继而提升智慧图书馆的服务效率，拓展智慧图书馆的服务范畴。

以智慧图书馆人工智能应用为例，智能情境应用上，当前主要包括书库管理机器人、智能盘点机器人、图书搬运上架机器人以及全自动存取书库系统等。尤其是在基于智能机器人的空间情境应用开发上，国内自动图书盘点上架机器人、智能3D导航上架机器人和图书馆室内导航系统均已取得突破；在智能聊天机器人方面，清华大学图书馆"小图"、德国汉堡市公共图书馆聊天机器人"Ina"、宁波大学图书馆"旺宝"南京大学图书馆"图宝"和上海交大图书馆机器人"小交"，是智慧图书馆智能情境应用的典型案例，从根本上拓展了智慧图书馆的情境感知服务。

综上所述，基于情境感知技术的智慧图书馆是图书馆发展的新方向，智慧图书馆应结合自身优势，针对不同的用户类型和需求，探索适合他们的情境感知服务模式，同时不断提升自身的服务能力。

第四节 智慧图书馆的参考咨询服务

智慧图书馆建设是当前图书馆界关注的热点问题之一。未来的智慧图书馆到底什么样，现在依然众说纷纭、仁智各见。但是将智慧图书馆作为当代图书馆努力的方向或者新的愿景，在图书馆界基本上是没有异议的。

一、参考咨询的基本理论

参考咨询是图书馆工作的重要组成部分，相对于图书馆的采访、编目、流通、阅览等环节，参考咨询还是一个比较年轻的工作，但也是更具活力、更能体现图书馆服务的增值作用和馆员工作的价值，是读者服务工作的深化和拓展。

(一) 参考咨询的基本特点

参考咨询的服务内容不断地深化和拓展，其服务方式也呈现出现代化、网络化、多样化的趋势，致使参考咨询成为读者服务中最活跃的内容，并表现出以下特点。

1. 服务性

从本质上说，参考咨询仍然属于读者服务工作的范畴，服务性是参考咨询最基本的特征。参考咨询是在图书馆传统的工作流程——采访、分类、编目、典藏、流通、阅览的基础上开展的一项重要内容。在参考咨询过程中，馆员通过个别解答读者提问，来满足读者的个性化需求，服务内容与其他部门的读者服务工作有着千丝万缕的联系，是读者服务的延伸和发展。

2. 针对性

从参考咨询服务的目的来看，它具有很强的针对性。参考咨询主要针对读者的学习、工作与生活中所遇到的问题，提供文献信息服务，以满足读者越来越个性化的服务需求。读者需求是开展咨询服务的前提，没有读者需求，也就没有图书馆的咨询服务，所以调查了解读者的信息需求是开展参考咨询服务的基础。各类型各层次图书馆的服务对象是不同的，参考咨询应根据图书馆的方针和任务开展读者需求调查研究，以分清工作的轻重缓急，明确服务重点。比如，公共图书馆担负着为所在地区的党政机关和有关企事业单位服务的任务，参考咨询的重点是政府决策和经济建设；高校图书馆重点为学校教学与科研服务，参考咨询的对象主要是教师和学生，服务的重点是教育与科学技术；科研单位图书馆主要为本系统科研工作及领导决策服务，参考咨询的服务内容专业性很强。

3. 多样性

从参考咨询的内容和形式来看，参考咨询呈现出多样性的特点。首先，读者咨询问题多种多样，来源广泛。有来自社会各个部门的咨询问题，也有涉及学科领域的专门问题；有综合性的咨询，也有专题性的咨询；有文献信息咨询，也有非文献信息咨询。当然，并非读者提出的一切问题，图书馆都应给予解答，只有属于图书馆服务范围的问题，才是参考咨询的服务内容。其次，参考咨询形式多样化。从读者提问的形式看，有到馆咨询、电话咨询、信件咨询、网络咨询等多种形式；从馆员对具体问题所采取的形式看，有文献检索方法辅导、提供文献线索、提供原文、定期提供最新资料、提供专题研究报告等。

4. 实用性

从参考咨询工作的效果来看，具有一定的实用性。首先，读者在实际生活、工作和学习中，必然会碰到各种各样的问题，参考咨询馆员帮助读者获取资料和利用图书馆资源，节约读者查找资料的大量时间。其次，参考咨询服务还有利于深入开发文献资源，提高文献资源的利用率，为科技人员、领导决策和企业发展提供丰富的文献资源和动态信息。例如，随着图书馆情报职能增强和现代化技术的应用，高校图书馆从优化资源配置，提高服务质量、方便读者等方面入手，在保证为高校的教研工作提供服务的基础上，扬长避短，立足实用参与社会情报服务，为社会提供实用易得的经济信息服务。参考咨询突出体现了图书馆的情报职能与教育职能，它所表现出来的工作水平与开发能力反映了图书馆服务的优劣，参考咨询工作的社会价值体现在工作效率、社会效率和为经济建设服务的效益等方面。

5. 社会性

图书馆是信息产业的有机组成部分，主要具有保存人类文化遗产、开展社会教育、传递科学信息和开发智力资源四种社会职能。参考咨询服务是一种开放性的社会服务系统。

第一，咨询服务对象具有鲜明的社会性。参考咨询服务就是图书馆运用各种方法，帮助读者解答在科研和生产中需要查阅文献资料而出现的疑难问题，为读者提供所需的文献和情报。随着社会信息化程度的不断提高及图书馆服务观念的转变，参考咨询服务的社会化程度日益加深，服务对象与范围进一步扩大。尤其是开展了合作咨询和网上咨询服务以后，其服务对象已不再限于馆内读者，本社区乃至跨地区、跨国界的有关用户都可能成为服务对象。

第二，咨询队伍具有鲜明的社会性。由于科学技术的发展，科学知识与信息资源急剧增长，光靠一个图书馆的力量已无法单独完成各种资源库的建设，及各种咨询问题的解答，更谈不上各种咨询软件的研制与开发。知识与资源的共建共享势在必行，咨询队伍建设的协作化与社会化进一步发展，出现了跨地区跨国界的合作咨询。

第三，咨询服务内容具有社会性。随着图书馆日益融入社会信息化的浪潮之中，参考咨询服务的内容也由过去以学科咨询、专业咨询为主，转向为广大用户提供涵盖学习、生活、工作等方面的各类社会化信息，以最大限度满足用户日益增长的信息需求。

(二) 参考咨询对图书馆发展的意义

现代图书馆馆藏文献资源的多少，已不再是评价一个图书馆信息服务能力和质量的唯一标准，而是要看信息资源是否实用和具有特色，检索查询系统是否方便使用、完善，用户的需求是否得到满足作为主要的评价依据。参考咨询工作通过多种多样的信息服务形式，在帮助读者利用图书馆、宣传介绍文献资源、开展读者教育、开发利用文献资源、开展专题情报研究等方面发挥了重要作用，对图书馆的发展具有重要意义。

1. 有助于帮助读者查找资料

参考咨询可以帮助读者利用图书馆的文献资源，是读者自学的好帮手。在知识经济时代，知识正在迅速地更新、老化，学校教育已远远不能满足社会发展的需要，于是终身教育成为新时代的新特征。图书馆是读者学习的第二课堂，读者在学习和研究时需要大量借助图书馆的参考资料。然而，大批读者对图书馆服务情况缺乏了解，在读书过程中，在利用图书馆寻求知识、自学成才的过程中，会遇到许多困难。参考咨询工作能够在浩如烟海的文献中，为读者排忧解难，充当读者的助手和向导，以解答咨询的方式，减少读者查找文献的时间和精力，满足读者高层次的文献需求，加速科学研究工作的进程，提高研究水平。读者在学习、科研和生产中经常遇到不懂的生僻字、专业名称术语，或对某些人名、地名、朝代名等缺乏清晰的概念和有关的知识，或对某些引言、理论性的名言警句，不知道其原来的出处和背景；或对某些材料，需要进一步查找原始文献和参考资料等。读者为了解决这些问题，需要花费很多时间和精力在图书馆丰富的藏书中选择合适的参考工具书。

参考咨询员熟悉馆藏和各种检索工具的使用技巧，可以帮助读者迅速地找到所需的参考书，系统完整地解决这些问题。参考咨询针对读者的各种问题进行解答，人性化较强，能直接相互交流沟通，减少了信息传递障碍。所以，参考咨询是辅导读者阅读的重要手段。这项工作不仅为有效、充分地利用图书馆文献资料创造了良好条件；而且解决了读者阅读中需要解决的问题，使读者节省大量时间，把精力更有效地用到更为重要的工作中去。

2. 有助于文献资源的综合利用

图书馆的文献资源内容涉及古今中外、天文地理，无所不包，浩如烟海。其载体形式多样，既有丰富的印刷型书刊，又有大量的电子资源，且内容相互交叉，繁简不一。读者在查找文献时往往注意不到文献资源类型问题，不善于从总体去把握自己所需的专题性知识载体。例如，读者可以专门找一种中文资料或外文资料、一篇期刊论文或工具书中的某一数据，而不善于围绕自己所研究的专题，从图书、期刊、论文集、丛书、科技报告、专利、标准、样本、工具书等图书馆收藏的诸多文献类型中将有关资料收集齐全。为帮助读者全面系统地了解和利用这些资源，参考咨询馆员需要对各种资源及其使用方法进行宣传介绍。这种综合利用馆藏文献，围绕专题问题进行的参考咨询，大大开阔了读者的视野，使读者真正了解到图书馆是名副其实的知识宝库，有取之不尽、用之不竭的知识资源。参考咨询工作不但可以形象生动地宣传图书馆，宣传图书馆资源，还可以更有力地吸引读者来利用图书馆。

3. 有助于开展文献检索教育

现代科学技术迅速发展，每年完成的科研成果以几何速度上升，记载科研成果的科学文献高速增长。科学研究的发展，一方面导致学科分支日益细化，另一方面促进了跨学科研究的普及。这使得读者在查找和利用文献时，常常需要涉足多个学科领域，给许多科研工作者带来了日益增多的问题。有时，读者所需参考的文献超出了一种以上的书刊文献类型，也不限于一个、两个文种，有时，读者所需参考文献数量特别庞大，采取直接阅读的办法实际上已经不可能，而必须借助于文摘、索引、目录，掌握文献的全貌，便于选择最为直接的文献加以阅读；有时，读者所需的参考文献，只能是直接有关的、最有价值的、有效性最强的，因而必须从有关的大量参考文献中进行筛选，以便选出的文献最有水平、最有价值；此外，大量中外文专业数据库的使用技巧、网络信息资源的搜集与利用技巧，也是读者迫切需要解决的问题。这些问题属于共性问题，一般的读者都会遇到，参考咨询员应对读者开展文献检索教育，帮助他们掌握文献检索的方法和技巧，提高文献利用能力。

4. 能够为科学研究服务

图书馆参考咨询工作是现代科学技术事业、经济建设事业的一个重要组成部分，能够提高文献资源开发利用的广度、深度与难度，及时传递信息，为科学研究提供高质量的服务，充分发挥文献的使用价值和作用。

面对文献资源的急剧增长，读者在信息查找、筛选与利用过程中需要花费大量的时间。为了帮助读者利用资料，参考咨询工作不断完善服务内容，开始从多种文献源中查找、分析、评价和重新组织情报资料，为读者提供更深层次的服务。因而，有无参考咨询工作、参考咨询工作的好坏，对科学研究工作的影响是很大的。参考咨询工作为第一线的科研人员节省了时间和精力，实际上也就是增加了第一线的科研力量。参考咨询工作是图书馆为科学研究服务的重要方法和内容，图书馆应根据读者的需要，积极做好书目参考和情报服务工作，编制和利用各种书目索引，系统地介绍和提供有关的书刊资料，开展定题服务、跟踪服务，以及代查代译等工作。

5. 能够为市场经济建设服务

随着社会经济的迅速发展，市场竞争越来越激烈，读者的信息意识越来越强，对信息的需求也日益迫切。参考咨询服务从科学研究向经济建设主战场转移，参考咨询直接参与社会的经济建设、科学研究、政治活动、社会生活等各个领域，并为重大的社会研究课题提供文献信息服务和技术服务，其社会效益也日益明显。在引进先进技术和设备过程中，参考咨询充分发挥科技情报的尖兵、耳目作用，通过调研分析，引进具有世界先进水平的技术设备，这样不仅能减少盲目引进造成不应有的损失，而且能使企业增添活力和实力。另外，参考咨询工作可以充分发挥纽带作用，有利于促进科技成果尽快转化为生产力。

另外，参考咨询工作通过信息教育转化用户的思想观念，通过信息服务提高用户的整体素质，使各类用户了解情报、认识情报、依靠情报、利用情报，有利于社会用户增强信息意识和竞争意识，提高科技水平。参考咨询工作有利于各行各业实现职能转变，提高科学管理和经营水平。科技情报服务作为一种导向服务，成为企业获取先进生产技术、开发出具有竞争能力的产品的重要手段。各行各业有了信息导向，就能够尽快顺应社会经济需要，做到宏观决策科学化、规范化，以最短时间、最小付出去实现较大效益。咨询服务的效果和服务质量能够取得良好的社会效益和经济效益。正因为咨询服务对社会发展关系重大，图书馆工作者都力图通过咨询服务方式来扩大文献服务的范围，充分开发和利用文献资源，真正实现为社会服务的目标。

二、智慧图书馆环境下参考咨询服务的新特征

在智慧图书馆环境下参考咨询服务的主要特征有三个：一是对用户需求的智慧识别；二是对知识化资源的精确配置；三是技术手段和人文理念并重的精准服务模式创新。

（一）智慧识别用户需求

智慧图书馆环境下参考咨询服务的第一个特征是对用户需求的智慧识别。图书馆参考咨询服务的本质是以用户信息需求为方向，通过对信息资源的检索、获取、整理与分析，为用户提供多种形式的咨询服务与产品。因此，用户需求是参考咨询服务存在的前提。

在传统图书馆时代，为了提升参考咨询的服务水平和质量，需要不断挖掘和获取用户需求，还要分析、研究用户的潜在需求。获取用户需求的主要途径是举办各类用户座谈会、发放用户调查表、设立用户邮箱、对重点用户走访交流等，目的都是为用户提供表达自我诉求、提出资源需求以及反馈服务评价的各种途径。

在数字图书馆时代，图书馆获取用户信息需求有了新的技术手段，主要通过以下两种途径实现。第一种途径是用户画像分析，这也是当今图书馆大数据应用的热门领域之一。用户画像即用户角色，是真实用户的虚拟代表，是建立在一系列真实数据上的目标用户模型。用户画像技术主要是通过对用户的属性、行为痕迹等信息进行数据处理，精炼并提取出用户个性化的标签信息，从而达到识别用户个性化信息需求的目的。成功的用户画像高度依赖于对用户数据的采集和分析，用户数据采集的范围广义上可以覆盖到图书馆业务数据、用户轨迹与活动数据、交互数据、在线评论数据和互联网公开数据等，而采集内容则涵盖用户的基本属性、行为日志、学术成果、社交活动、兴趣偏好等。在数据分析阶段，应综合运用各种文本聚类和特征加权算法，从数字轨迹中提取有效特征，建立用户特征标签体系，进而构建用户群体画像和个人画像。第二种途径是泛在化需求服务，其理想状态是参考咨询馆员与用户建立融入信息获取全过程的合作伙伴关系，能够随时随地掌握用户需求并即时提供服务，满足用户需求信息的即得性、信息查询与科研或学习过程的连贯性。值得我们关注的是，借助信息时代迅速发展的各类社交媒体技术，参考咨询馆员融入目标用户的虚拟社区，快速掌握用户新的动向和需求正在逐步成为可能。

用户画像分析以及泛在化需求服务还处在起步和探索阶段，虽有成功的经验，但远未达到成熟应用和大规模推广的水平。在智慧图书馆时代，这两项工作将得到高度重视，并获得长足发展，成为图书馆获取用户需求的有效手段。同时，也应意识到，仅依靠用户画像分析以及泛在化需求服务，实现对用户需求的智慧识别依然不够。这是因为用户画像的建立需要大数据技术的支持，反映用户需求的行为数据通常片面、异构并且互为孤岛，通过上述用户数据建立的用户画像往往是简单的、表象的，并不一定能代表用户完整、真实的信息需求。此外，在参考咨询服务过程中，用户信息需求具有模糊性、阶段性和动态性的复杂特点，用户需求的多变与专深又会引发需求表达的隐秘性，致使对用户的数据分析无法全面、客观地体现用户需求，难以挖掘用户隐含的深层语义知识。在部分情况下，用户甚至没有觉察到自己的客观需求，更不能将需求有效地表达出来。这就需要参考咨询馆员以用户需求数据为线索，凭借人工智能、大数据等技术手段，运用各种算法和策略，结合丰富的咨询洽谈经验去判断、分析用户需求表达背后的深层次原因，进而挖掘和激发用户潜在的隐性需求，甚至是超越和引领用户需求。这一理想，只有在智慧图书馆时代，借助日益先进、成熟的人工智能、大数据等技术的辅助才能实现。

（二）精确配置知识化资源

智慧图书馆环境下参考咨询服务的第二个特征是对知识化资源的精确配置。参考咨询服务需要强大的文献保障体系来支撑，它不仅需要全国乃至全世界范围内文献资源的共建和共享，更需要对海量文献资源内容进行挖掘、组织、呈现，从而快速响应用户需求，实现对知识化资源的精确配置。

在数字图书馆时代，馆藏文献数字化始终是资源建设的一项基础性工作。过去图书馆界比较注重资源量的积累，因此把纸本文献扫描成电子图像后直接用于存储和网络展示成为主流的资源建设和服务模式。但是近年来，随着国家和社会对知识产权保护的重视和加强，这种信息资源提供方式因存在潜在侵权隐患，不仅难以在互联网上直接提供服务，甚至在馆域网内的传播也受到了越来越多的质疑。因此，在智慧图书馆时代，馆藏文献数字化作为资源建设的一项基础性工作，其内容和形式会发生很大变化。大量的电子图像将不再提供直接的浏览服务，而是通过 OCR 识别转换成文本后，作为知识化资源精确配置的基本素材而存储和利用。智慧图书馆资源建设的主要工作，应是对文本进行信息分类、聚类以及语义分析，结构化表单中的事实数据抽取、知识挖掘，构建领域本体和知识图谱等，要完成的是知识化的内容体系建设，进而为开展各类学术性、专题性的参考咨询服务奠定基础。

（三）技术手段与人文理念并重的精准服务模式创新

为实现精准服务的目标，参考咨询的服务模式需要不断推出创新性举措，这些举措在很大程度上将由数字技术驱动，但同时也需要关注人文理念在服务模式创新中的重要价值体现。在某种程度上，人文理念才是服务模式创新的灵魂。

比如泛在化需求服务的实现，既依赖于社交媒体技术在微服务领域的日益成熟和普及，同时也是"以用户为中心"人文理念在新技术环境下的实现。再比如面向用户的定制化信息推送服务模式，既依赖于精准的用户画像技术，同时也借鉴了产品商业营销的理念。近年来逐渐引起图书馆界关注的基于情景感知的场景式服务模式，更是充分体现了情景感知技术与"用户体验至上"的人文理念的深度融合。概括地说，智慧图书馆场景式服务是针对特定主题或用户群体，通过感知用户当前所处的场景和情景，自动获取和发现用户需求，进而依据用户需求场景和任务情景，有针对性地整合和组合信息资源和服务，为用户提供多项场景选择，主动为用户提供服务的一种方式。总之，智慧图书馆环境下精准服务模式创新，不仅直接体现参考咨询服务的水平和质量，更将最终决定参考咨询服务的成败。

三、智慧图书馆参考咨询服务能力的提升策略

智慧图书馆参考咨询服务能力的提升需要多措并举，包括参考咨询服务理念的坚守与创新、知识内容的建设积累、智慧化软件系统的支撑、专业化馆员队伍的建设以及多维融合参考咨询服务运营模式的探索等。

（一）坚守与创新参考咨询服务理念

智慧图书馆环境下参考咨询服务理念的核心是"以用户为中心"的观念。用户是图书馆存在的根本，无论时代如何变化，图书馆最为核心、最为关键的价值，是要体现以用户为中心。只有确立以用户为中心的服务理念并加以践行，真正以用户需求为导向，图书馆才能与时俱进。对于参考咨询服务而言，坚守"以用户为中心"的服务理念，最直接的出发点是"以用户需求为中心"创新性地开展工作，比如探索图书馆知识服务营销的有效手段和途径。2018年，国际图联发布《全球愿景报告》，提出资助者和利益相关者不理解图书馆价值已成为图书馆面临的严峻挑战，甚至影响到图书馆的生存与发展，因此该报告特别强调了营销推广对图书馆事业发展的重要意义。

鉴于此，在智慧图书馆时代，参考咨询服务要借助产品营销理念，不断探索和创新与用户互动的方式，通过以微信、微博等平台为代表的微媒体与用户开展更加积极有效的沟通，"不仅将自己在满足用户需求方面的优势广而告之于大众，更应注重用数据反馈来评估营销效果，让用户和知识服务馆员之间互动更加紧密，以提升用户对图书馆专业知识服务能力的认可度和信赖度"。[①]

（二）对知识内容建设的积累

智慧图书馆对知识内容建设的积累，是为了实现对知识化资源的精确配置。这是一项

---

① 饶权. 回顾与前瞻：图书馆转型发展面临的问题与思考 [J]. 中国图书馆学报，2020 (1)：4-15.

长期而持续的基础性工作，目前知识内容建设条件较为成熟的领域包括：开放获取类资源、进入公有领域的经典文献以及机构知识库建设。开放获取类资源因其便利、开放和免费，赢得了出版界的关注和用户的大力支持，为开放获取类资源建设提供了有利条件，形成了资源出版、提供和获取的低成本良性循环局面；进入公有领域的经典文献因无版权问题制约，可以最大限度发挥数字资源共享互通的价值，为知识的有效传播提供了资源保障；机构知识库建设通常将本单位人员公开发表的文章、课题研究报告、业务调研报告等文献资源进行整合，因促进机构内部知识交流而得到广泛采纳，对知识内容建设工作起到了重要补充和辅助作用。

在图书馆知识内容自建工作中，从参考咨询服务的角度出发，应该优先选择那些通过互联网检索和数据库查询无法获取到的纸本型参考咨询工具类文献，诸如：无法获得数字版本的书目、索引、文摘、名录、学术性的词典、百科全书、年鉴、手册、传记资料、统计汇编、图录文献等。总之，智慧图书馆要关注那些通过商购、征集渠道无法获取的参考信息源建设，重视对参考咨询案例文档的知识化加工和组织。

此外，智慧图书馆尚需继续完善知识内容建设的语义标引、知识组合和关联化展示等，智慧图书馆需要立足用户需求，超越数字图书馆时期基于资源形式、存储和传播等方式的服务模式，充分利用文本分词、语义标引、实体识别、深度学习等自然语言处理技术，借助图书馆界的受控叙词表、汉语主题词表等规范文档，对资源文本内容进行细颗粒度自动标引，构建结合百科知识库的通用本体、结合专家知识的专业领域本体，提升图书馆对文献资源的深度揭示和语义开发能力，建立多维度、多层次、智慧化的知识标签系统，进而实现知识组织、深度挖掘和关联化展示，为参考咨询馆员发现馆藏、利用馆藏提供充足的条件，有助于参考咨询服务向专业化智慧服务方向发展。

（三）各类智慧化软件系统的支撑

在智慧图书馆时代，大量现代信息技术特别是人工智能技术，将在参考咨询服务中得到创新性应用，其集中体现就是各类功能模块化的软件系统对参考咨询工作的支撑。从服务对象的角度划分，这些软件系统主要包括两类：面向用户的智能化服务系统和面向参考咨询馆员的智能化业务辅助工具。在参考咨询服务工作中，两者之间要实现双向的数据流、信息流的交互对接。

1. 面向用户的智能化服务系统

就智慧图书馆参考咨询服务的业务需求而言，面向用户的智能化服务系统至少应该包括三个部分，分别是：帮助、指引普通读者利用图书馆服务的智能问答系统，面向研究型用户的专业咨询系统，以及面向机构用户的定制化知识服务平台。

　　智慧图书馆环境下，图书馆智能问答系统的基本任务是解答读者的一般性问询，指引和帮助读者使用图书馆的资源和服务。就智能问答系统的基础而言，它首先应该是一个超大型 FAQ（常见问题集），包罗了与图书馆资源和服务有关的各种常见基础问题。它的建设过程有可能采取类似图书馆众筹的思路，只不过众筹的对象不是资金或文献，而是问题和答案。从这一角度出发，图书馆智能问答系统的未来可能会从门户式服务向互动性平台化转型。智能问答最基础的功能是对读者自然形式提问的语义理解，系统能够运用智慧化算法而非简单的关键词检索，尽可能准确地理解读者的意图和目的，然后与答案库中最接近的答案相匹配。为此可能还需要对答案库中的文档进行细粒度的标记和提取，以便精准地与提问对应。当然，一个实用化的智能问答系统，除了 FAQ 之外，还需要考虑对表单型数据的处理，以应对诸如空间导引、电话查询、图书馆延伸服务（培训、讲座、展览）信息问询的要求。此外，智能问答系统还要实现与图书馆各类业务系统的通畅对接与交互，满足读者一般性文献提供和服务的需要。对智能问答系统而言，如果能够实现对答案库文档的知识图谱化关联和组织，甚至外挂若干专业知识库以支持读者提问，将会进一步提升系统的智慧化程度。

　　面向研究型用户服务的专业咨询系统，被参考咨询馆员形象地称为"知识淘宝"。对用户而言，它应该类似于淘宝网站上的电商，可以根据用户需要提供各类定制化的专业型知识产品。系统面向用户有良好的互动性，服务全程透明，用户可以随时查看进度。

　　相比"知识淘宝"主要提供的一次性、阶段性服务，面向机构用户的定制化知识服务平台，提供的则是长期、持续、全面、系统的定题服务。服务平台应充分考虑用户特点和属性上的差异，在用户需求、业务流程、成果展现、反馈互动等环节，建设符合用户信息需求的定制化知识服务体系。要引入"机构画像"的概念，实现行业信息资源与机构用户的精准匹配，充分体现参考咨询服务面向机构用户的针对性、灵活性、连续性、及时性和参与性。

2. 面向参考咨询馆员的智能化业务辅助工具

　　面向参考咨询馆员的智能化业务辅助工具并不是个独立系统，而是贯穿参考咨询服务全流程的辅助工具。根据应用领域划分，大致包括基于用户获取和分析信息需求的辅助工具，以及基于资源知识挖掘和成果展现的辅助工具，两者处在参考咨询服务的不同环节。

　　基于用户需求的辅助工具与智慧图书馆智能问答系统有密切关系，在它的服务界面上，机器问答和人工问答可能是无缝衔接的，用户并不知道网络对面与他对话的到底是机器还是馆员，至少不知道在哪些对话环节的问题和回答是机器自动发出的，哪些是馆员发出的或是馆员在机器提示下发出的。这就像一个有阿尔法狗加持的围棋爱好者可以旗鼓相当地与一流国手下网棋一样，可以极大地规范参考咨询的服务流程，提升服务质量，提高工作效率。当然，在初级阶段有可能是所有开放式对话均由人工负责，一旦进入模式化封闭问答环节则由机器接管。可以预期，随着人工智能技术的发展，特别是机器深度学习能力的提高，这个领域智能化辅助的水平也会不断进步。那么，在参考咨询的用户体验中，面对一个无所不知的全能型馆员的场景有可能会出现。

基于资源的辅助工具主要是为了提高工作效率，节约馆员的时间，同时也缩短满足用户需求的时间。这类软件需要辅助支持甚至模仿实现馆员接受咨询课题后的一系列模式化操作，包括且不限于以下环节：设计检索方案，确立检索步骤，选择检索工具和检索方式，收集检索结果，进行效果评估，多轮反复修订方案、调整策略直到获得满意结果，生成知识产品并提交用户，完成项目归档。基于资源的辅助工具可借助人工智能技术，加速推动图书馆参考咨询知识服务的方式方法、手段设施的变革，促使馆员将参考咨询服务、人工智能技术、用户服务场景有机融合，形成智慧化的参考咨询服务新业态。

（四）建设复合型馆员与学科型馆员搭配的人才队伍

在智慧图书馆建设过程中，馆员智慧化建设是不能忽视的问题，智慧馆员将是智慧图书馆的关键要素之一。"智慧服务的质量和效果很大程度上取决于馆员的能力，馆员能力是智慧图书馆新型服务能力建设的核心。"[1] 在智慧图书馆时代，参考咨询馆员必须熟练掌握和运用各类智能化的辅助系统和工具，并将之与自身的学科专长和情报能力结合起来，才能胜任精准化服务的要求。

智慧图书馆的参考咨询馆员队伍应该由复合型馆员与学科型馆员搭配组成，前者应具备一专多能的业务素质，有广博的知识背景，对于宏大命题有全局性把握能力和前瞻性眼光；后者则具备专深的学科服务能力，是具有学科领域研究素质的专家型馆员。智慧图书馆在建设过程中，要创造各种学习机会对馆员进行再教育和再培养，提升馆员素质，激活人才资源。

（五）探索多维融合参考咨询服务运营模式

参考咨询服务是参考咨询馆员满足读者个性化需求的智慧劳动，智慧图书馆应能够提供充分体现馆员劳动价值的有效途径和渠道。就参考咨询的工作模式而言，纯公益性服

---

[1] 初景利，段美珍. 从智能图书馆到智慧图书馆[J]. 国家图书馆学刊，2019（1）：3-9.

务、收取必要业务成本的非营利性服务与商业化咨询服务之间,并不存在截然分明的边界。在智慧图书馆时代,参考咨询服务以提供公益性知识资源和服务为基础,需要逐步拓展面向商业性、非营利性知识服务机构的开放合作。按照公益与商业模式并行互惠的思路,推动建立政府主导、社会参与的多维融合"知识淘宝"型服务平台,建立和完善多样态知识消费模式的可持续发展机制。

第五节 智慧图书馆微服务体系建设

自媒体技术的发展极大地改变了人们的阅读学习习惯,越来越多的人在移动终端刷微博、微信朋友圈,简单的知识询问,也会第一时间想起"度娘"图书馆作为知识的传播者也积极参与这场变革,目前大部分高校都开通了微信公众号、新浪微博等服务,为读者提供书籍推荐、活动通知、书目检索等服务。这种新的服务被称为"微服务",为满足网络化时代读者的个性化、碎片化需求,根据读者的喜好推送不同的微内容,内容呈现精简化;为满足现在读者对阅读时间空间的泛在化,微服务已经嵌入微博微信等平台。

一、智慧图书馆微服务体系概述

微服务内容分为基础服务和延伸服务,基础服务有信息推送、知识普及、活动宣传、大咖分享等,延伸服务包括个性化需求、实时学科服务、图书馆空间服务等。微服务可以围绕某个个体、专题、载体或特定的群体展开,需要强化与读者的互动,创新服务理念。

目前,国内"三微一端"的微服务发展参差不齐,尤其是地域差异很大,亟待改善。微服务的发展还处于起步阶段,技术的应用还存在问题、微服务体系的标准还没有完善。微服务存在内容主要以文字的方式展现,而且同质化严重、互动性不足,偏向于建设和推荐,有些重"书"轻"读"。

智慧图书馆微服务融合了智慧化服务与线上服务的技术,以为读者用户提供更加智能便捷的服务方式。微服务体系是一个组织复杂,各成员相互影响、相互作用的系统,图书馆学者对于智慧图书馆、智慧图书馆微服务的研究已有些许成果,对于未来智慧图书馆微服务的发展、微服务体系如何形成和走向描述得不多。微服务体系建设包含图书馆信息化服务的各个方面,在这里将智慧图书馆微服务体系建设分为资源、服务、技术、用户感知四大模块。本研究将从宏观的角度分析智慧图书馆微服务体系的构建,体系的构建与人员和物资的配置紧密相连,首先智慧图书馆微服务体系离不开图书馆资源建设,馆藏资源是体现一个图书馆规模及其效用的关键要素，而组织资源是智慧图书馆正常运行的保障，人力资源是智慧图书馆重大决策的制定者和执行者，关乎智慧图书馆发展的未来走向，所以微服务体系资源建设的研究是对智慧图书馆最基本的探索。

所谓的智慧图书馆微服务体系，其本质的研究最终落实到图书馆的服务建设研究，图书馆智慧化的体现就是图书馆现行推出的各种智能化服务，满足用户需求的同时能够带来全新不同的体验，所以充满高端科技而又不失人文情怀的智能微服务成为管理者与云端服务开发商的炙热追求。另外，关注用户对服务的感知情况是管理者政策执行效果的体现，资源、服务的智慧化效果，最终由用户体验感知得出使用后的满意度，对于管理者与开发商来说，是用户对服务质量的一种反馈。关注用户服务感知状况有利于完善微服务体系的建设。

二、智慧图书馆微服务体系建设的原则及要素

（一）智慧图书馆微服务体系建设的原则

随着信息技术的深入发展，"三微一端"正逐渐推动智慧图书馆微服务向精细化发展。目前智慧图书馆微服务正处在渐盛时期，微服务发展未成体系，而智慧图书馆服务的受体是广大读者用户，因此智慧图书馆微服务体系需要满足用户的新需求，提高用户的感官体验度。用户体验是最直接检验服务质量高低的因素，因此智慧图书馆微服务体系建设应遵循以下原则。

1. 遵循用户至上原则

智慧图书馆微服务体系建设最终成果享受者是用户，用户是图书馆服务智慧化的享用者和推动者。图书馆的服务一直以来秉承"读者第一"的理念，而在科技化发展的今天，智慧图书馆对此理念理解会更加透彻。引进良好的服务设备，增加与其他图书馆的资源合作，为每一位读者提供较全面的资源查询服务。积极融合科技设备，设置反馈机制，认真听取读者的体验建议，用户的体验及相关的服务需求是智慧图书馆微服务创新的关键。智慧图书馆微服务的服务对象是每位读者用户，围绕用户需求建设的微服务体系才是智慧图书馆拓展的基础。

2. 遵循资源整合原则

对于智慧图书馆微服务体系建设，本文从资源建设、服务建设、技术建设以及用户感知建设四个视角来探讨，其中资源建设与服务建设需要微服务平台整合信息资源，发挥信

息资源的最大效用，同时也是在降低知识服务的成本提高知识服务的绩效。图书馆的馆藏资源是图书馆开展各项活动的基础，配合信息技术的使用整合馆藏资源，大大提高图书馆馆藏资源的利用率。科技发展信息的涌入，微服务的服务方式必将多样化，整合技术资源，优化微服务技术平台，为智慧图书馆微服务体系建设搭好技术平台。

3. 遵循服务项目的可行性与易用性原则

在构建微服务体系时，会涉及各个服务项目的资源整合与技术创新运用，在服务创新同时要考虑服务项目的可行性与易用性，保证开发出的新程序能解决目前图书馆服务所面临的问题，并且能够满足用户所需，切合实际；服务运行过程中服务模块清晰，操作简单易行。

4. 遵循开放包容性原则

近几年智慧图书馆微服务在国内萌出发展势头，但是并未成熟，智慧图书馆微服务体系在构建的过程中必将涉及各种问题。这就需要图书情报工作者与图书馆管理者保持开放的心态，允许微服务体系构建的过程中出现失误，同时包容微服务发展过程中出现的新技术新事物。开放包容心态下的智慧图书馆微服务体系建设才会更加完善。

5. 遵循循序渐进性原则

任何事物的发展都不是一蹴而就的。在推进智慧图书馆微服务体系建设的过程中循序渐进，由简到难依次推进，尽可能全方位地概括微服务体系建设所涉及的因素，从而搭建尽可能完整的服务体系框架。

（二）智慧图书馆微服务体系建设的关键要素

1. 服务主体

（1）图书馆管理者。图书馆管理员需要运用自身的专业技能和敏锐的洞察力发现信息技术的新体验。作为智慧图书馆发展的全局掌控者，管理者需要突破现有状态，改善图书馆服务体系，推进图书馆服务个性化发展。因此管理者要结合现今信息技术的发展，关注目前图情领域的相关动态，掌握量化图书馆问题的方法，分析数据，创新科技。管理者往往是推动智慧图书馆微服务体系建设的中心力量。

（2）后台技术人员。如果说管理者是从宏观层面掌控图书馆微服务体系建设，那么后台的技术人员则是涉及服务体系建设的微观层面。微服务平台是一种信息资源与科技结合的服务模式，后台的日常运行与程序的开发需要技术人员来维持，信息技术人员通过信息资源和技术资源的整合开发与维护微服务平台，简洁便利的微服务平台更能博得用户的青睐。

（3）用户。用户既是服务的享受者也是知识共享、服务开发的主体，用户的宝贵建议在智慧图书馆发展中起着关键作用。另外，用户也是信息的接收者、传播者、生产者，还是服务体系建设的参与者、影响者。随着智慧图书馆的发展，智慧图书馆的用户逐渐扩大，对服务体系建设的影响效果也会越来越大，所以用户的参与对智慧图书馆微服务体系的建设有着巨大作用。

2. 服务本体

（1）馆藏资源。图书馆最初的目的是为读者用户提供资源信息。随着信息科技的发展，图书馆的功能在逐渐扩大，但其始终是人类文明的传播基地。馆藏资源是图书馆提供服务的本体要素，是用户索取文献资源的本源，因此馆藏资源的丰富度影响着图书馆规模的大小，用户的满意状况。馆藏特色资源也能够引起微服务平台的格局调整。优化馆藏资源，增强图书馆的吸引力，同时提高馆藏资源的可靠性和准确性以及特色资源发展。这就要求图书馆严格把控好信息资源的来源渠道，认真评估考证第一手资料，以保证馆藏资源的权威性。

（2）图书馆线上环境。开放有序的微服务平台有利于塑造良好的人文环境。线下的图书馆馆藏资源是用户接触图书馆服务的物理场所，也是供应线上图书馆数字化服务的基础，而线上图书馆环境的优化，能够提高用户使用微服务平台的频率，帮助解决问题用户借阅、下载文献资源等。良好有序的图书馆线上环境，包括简洁利落的微服务平台，外观格局，功能分明的信息专题，简单便捷的操作方式等都会增加智慧图书馆微服务的吸引力。同时微服务平台积极听取用户的反馈建议，营造开放、互动的图书馆线上环境，为构建智慧图书馆微服务体系添砖加瓦。

3. 服务技术

这里所说的服务技术要素主要是指信息技术的运用。微服务体系的建立与微服务平台的运营息息相关，和信息技术结合的微服务平台，能够时刻发挥智慧图书馆的最大效用。信息技术是在互联网、大数据、云计算、云存储等大背景下，以 PC 客户端、APP 客户端、iPad 等为载体，开发可以跨平台连接，图片文字缩放自如，智能语音搜索等多功能的微服务平台，如在图书馆微信公众号上开发益智小游戏、跨知识库资源搜索等创意程序等。

目前在知识付费环境下，流行的知识服务交互平台有云舟域知识空间服务平台、超星学习通等。正如传统物理图书馆馆藏、流通、阅览室服务系统，依托图书馆馆舍空间存在一样，数字图书馆的数字资源和服务平台也需要建立在数字化空间系统中。云舟以网络知识空间为基础，另外建立知识空间数字资源专题组织、管理系统，用户通过 PC 客户端、移动手机客户端来获取云舟提供的大量图文信息，用户在获取信息时可自主筛选、阅读、保存，还可以在学习圈内分享读书笔记心得，转发、评论相关学习资料，云舟为广大用户提供了一个自主组织的知识空间。超星学习通，则是积累了海量的图书、期刊、视频等学习资源，是用户知识管理、专题原创、课程学习的知识创造平台。不管是云舟还是超星学习通，都为智慧图书馆微服务发展提供了强大的知识服务平台技术，为智慧图书馆微服务的发展提供了巨大动力。

4. 服务受体

图书馆微服务的服务受体即是读者用户。在市场经济中，"用户至上"是市场经济规律下的一个服务理念，在知识付费经济下的图书馆同样秉承"以用户为中心"的宗旨。用户是图书馆服务的体验者，信息时代下的图书馆服务开始向智能化、自助化、个性化的方向发展，图书馆推出的智慧化服务都需要经由用户的使用来检验服务质量。

用户体验图书馆服务的过程就开始产生用户感知，而图书馆用户是由学生、教师、科研人员以及其他大众组成，由于用户本身持有的教育背景与受到的教育知识具有层次性，用户的价值观念具有多样性，对于图书馆微服务质量的感知与评价也是因人而异的。另外，在知识经济、互联网、信息伦理、信息制度等发展下，用户的思维方式在不断更新，用户需求随着知识经济的深入也会表现不同。了解用户对智慧图书馆微服务的意见及建议，探讨用户对微服务的感知差异，为智慧图书馆微服务体系的建设提供明确的方向，以保证未来图书馆微服务平台在发展过程中，不断优化平台服务方式与服务质量，来增加自身的吸引力与影响力。

三、智慧图书馆微服务体系建设的动力

智慧城市要求城市各项服务朝着自我管理、深度感知以及自助服务的方向发展。智慧图书馆的发展是智慧城市的内在要求，图书馆作为人类文明的传播基地，承载着文化流动、传递、创新等重担。智慧图书馆借助微服务平台，使图书馆服务信息化、智能化。智慧图书馆微服务作为智慧城市的一种延伸，也是一个多元函数，智慧图书馆微服务体系建设受各种因素影响。微服务体系建设的状况是图书馆内外因素交织作用的结果，这些因素也是推动微服务体系建设的动力。因此，下文从分析微服务体系建设的内外动力。

（一）内生动力

1. 图书馆资源

（1）馆藏资源。科技发展日新月异，信息大爆炸时代已经来临，用户获取的信息越来越多，而所需信息需要用户自己去筛选。图书馆在信息时代的作用更加显著，收集更多的信息资源包括电子与纸质的图书馆资源、报纸期刊等。图书馆在信息时代，付费知识环境下不断扩充自身的知识储备。除了图书馆采购各种纸质、电子资源外，现今流行的如图书馆联盟，各图书馆以合作的方式来延伸图书馆馆藏资源。用户在图书馆网页上搜索资源，如果本馆没有用户所需的资源，搜索引擎则会自动在盟员馆中搜索，因此图书馆联盟能够最大限度地优化盟员馆的馆藏资源。丰富的馆藏资源是图书馆提供服务的基础，对资源的管理是关键，如资源的分类，资源的查找，纸质资源、电子资源的线上线下融合等。图书馆的馆藏资源为满足用户的需求正在与日俱增，纷繁的信息需要依托稳定的服务平台来管理，完善的微服务体系能够更好为用户提供线上图书信息资源。

（2）图书馆人才资源。所有的创新发展都是由人来完成的，以人为本的人才管理才是推动社会发展的关键。图书馆的发展是否能够站在时代潮流的前线，是否能够在信息科技时代满足用户的阅读方式与体验，这些都要求图书馆管理员拥有战略管理思维，同时图书馆开放引进新的人才，完善图书馆后备人才力量。云舟域知识空间服务平台，超星学习通等为智慧图书馆的发展提供了微服务技术平台，微服务平台的运营与发展需要专门的技术人员，进行微服务程序的设计，应用软件的开发，日常平台的相关维护工作等，平台运营人员直接关系到微服务体系的建设。所以素质良好的图书馆微服务平台运营人员是微服务体系建设的关键。

2. 馆员自身特质

馆员自身特质也会影响图书馆微服务体系建设，馆员自身特质包括馆员的价值认知度，已有的知识结构，以及对新事物的理解接受能力。馆员的价值认知度是对自身工作价值实现的愿望，这种愿望越强烈即价值认可度越高，越有利于图书馆微服务体系的建设。馆员自身已有的知识结构表现为专业知识的掌握情况，对目前图书馆发展优势及劣势的掌握情况，在目前信息技术浪潮下对未来智慧图书馆的发展规划等。新事物的理解接受能力即能够对周边信息技术发展状况保持积极热忱的态度，对科技带来的成果表现出敏锐的态度，乐意接受新事物发展所带来的改变。拥有较完善的知识结构，较强的理解接受能力的管理者，会更加关注图书馆微服务的技术发展与应用，以实现自身的职业目标，完成自身的职业价值。构建微服务体系离不开图书馆工作人员的共同努力，随着微服务时代的到来以及图书馆信息的迅速发展，图书馆在要求馆员加强自身文化素养建设的同时积极纳新，接收外来优秀的管理人员，因此活跃在图书馆工作岗位的优秀工作人员，推动了智慧图书馆微服务体系建设的进程。

3. 图书馆融合新技术的程度

微时代的到来改变了传统图书馆发展模式，厦门大学最早推出图书馆预订座位的智能化服务，顺应互联网+的发展趋势，其座位预订即用户通过图书馆的"三微一端"进入服务区，选择座位和入座时间；与此同时，上海图书馆为模拟3D图书馆，让用户在客户端身临其境体验图书馆的真实服务而推出虚拟图书馆，增加用户对虚拟图书馆的体验。高校图书馆和省公共图书馆普遍站在科技化发展的前列，致力于为师生及社会人士服务，采用符合年轻人的阅读浏览方式，吸引更多的读者用户。越来越多的图书馆关注当下信息科技带来的生活方式变迁，人们的生活观念转向简洁、舒适、轻松、便利的方式，图书馆为了适应更多年轻人的生活方式就需要做出适当改变。当图书馆将自身的发展定位于符合当下潮流的微服务发展时，建立良好有序的微服务体系便成为图书馆发展的首要任务。

（二）外生动力

1. 智慧城市建设

随着"智慧地球"的提出，"智慧城市"开始提上城市发展的日程。国内智慧城市的实践稍晚，但是有发展迅猛之势，2009年郑州联通计划5年内投入100亿元打造郑州智慧城市，同年12月南京市明确提出"智慧南京"建设战略。自2010年起IBM将智慧城市在中国持续推广，"智慧城市"的概念及相关运用已深入人心，国家部委智慧城市试点工作逐渐展开，并且取得相关的成就，我国智慧城市建设渐趋深入深圳、宁波、上海、北京等城市。智慧城市建设在经济发展较好的地区试点发展，到目前为止，已取得良好的成果，其他城市正在逐步引进智慧城市建设系统。

智慧城市的发展在国内掀起一股遍地开花的趋势，其中智慧图书馆是智慧城市发展的一个横向延伸，智慧城市的蓬勃发展必将要求城市图书馆智慧化建设，而微服务体系建设是图书馆智慧化的重要指标，智慧图书馆微服务体系的构建是智慧图书馆发展成熟的表现。智慧图书馆的兴起与发展是对智慧城市系统的完善，而智慧城市系统的不断成熟，外在地促进了智慧图书馆微服务体系的建设。

2. 信息化进程

信息发展的速度已超出人们的想象，国与国之间的实力较量逐渐转移到科技较量上，各个城市之间的角逐开始展现到城市科技发展指标上。传统图书馆在信息高速发展的时代想要立足，必须紧随时代发展前沿，"以人为本，读者至上"的服务理念融合现代科技的发展集中体现在微服务发展中。由信息化发展所衍生的新型知识服务及服务方式，新型知识信息服务资源，空间再造能力等冲击着图书馆的发展。信息化进程在整个城市圈中的各个行业蔓延开，尤其体现在服务行业，各种云支付、闪付、线上二手市场等微服务展现在人们的眼前。信息化时代的图书馆不仅面临着图书馆内部结构的改造，内部人员的更新与培训，也要从图书馆提供的服务中体现现代化、智能化、个性化特征。图书馆在第四次工业革命浪潮中接受时代的冲击与挑战，因此在信息化进程中图书馆不仅要改善实体服务的内容与质量，更要打造虚拟、线上图书馆的服务体系，完善智慧图书馆微服务体系建设，圈出一片自身的智能化土地。

四、智慧图书馆微服务体系服务建设的策略

（一）以信息科技助力微服务内容更新

科技发展的面貌日新月异，城市的发展依赖信息科技的综合应用。2019 年开始推行的 5G 技术正在蓄势待发，各行各业瞄准 5G 时代的到来，并为其做好相应的准备，最明显的则是手机行业的相互竞争。另外情境感知技术也正在蓬勃发展，应用前景广阔，无论是高校图书馆还是公共图书馆都在致力于智慧图书馆的建设。然而智慧图书馆的发展并非一帆风顺，微服务体系建设的成果、智慧化的程度不尽如人意，图书馆的智慧化服务还停留在表层的智能化层面，服务模式单一，服务创新意识缺乏，简单而普遍化的资源推送以及借还系统功能，早已不能满足用户的科技享受及学习研究的要求了。

因此在 5G 时代的初始，图书馆应该要抓准时机，推出 5G 时代下智慧图书馆微服务内容，满足用户 5G 体验需求。结合新兴且发展迅猛的情境感知技术，根据用户所处空间及用户的行为来感知用户所需指令，让用户的阅读充满科技色彩，充分地了解用户所需，使得这些服务充满人文情怀，用户通过 VR 设备身临其境，全方位享受智能科技与设备带来的全新阅读体验。智慧图书馆微服务内容设计，需要设计者善于发现人们的需求而加快服务内容的更新步伐，从而增加图书馆的"粉丝量"。

（二）以现代化管理打造微服务平台

现代化管理的微服务平台建设是微服务内容开发与运用的基础，传统的实体图书馆服务平台，在信息高速化发展的现代早已"不堪重负"，建立新一代的智慧图书馆微服务平

台，在信息容量巨大的环境下呼声日益高涨。开发新一代的智慧图书馆微服务平台需要结合图书馆的发展需求，即需要承载更多的新技术，如 5G 技术、情境感知技术、搭载全方位的风险评估认证。保障微服务平台平稳快速运行是这一代微服务平台建设的关键，5G 技术下的图书馆管理平台存在很多不确定性，技术风险无法准确评估，情境感知技术目前在智慧图书馆的发展中应用较广，但是运行存在的风险却无法避免。因此图书馆在智慧化的发展中，需要形成自身微服务平台的发展模式，积极借鉴如大型博物馆等文化场馆的平台建设模式，加强与信息技术商家的合作，努力开发新技术下的微服务内容，同时组建微服务平台开发的技术人员团队，协调好技术开发组织的工作，缩短平台风险评估的周期。及时开展技术平台风险评估，能够保障智慧图书馆微服务平台平稳快速运行，积极响应用户的服务需求指令。

第六章 智慧图书馆发展的新形态探究

第一节 智慧城市与智慧图书馆互动发展

智慧城市建设是目前世界各国城市发展的趋势。智慧城市建设的意义在于对城市资源效益最大化。智慧城市建设利用新一代信息技术与工业化建设相互融合,发展地方经济建设,改善公共管理服务水平,提高公民生活品质,促进城市和谐可持续发展。智慧图书馆,是现代图书馆未来发展的新形式,是构建智慧城市的关键。智慧图书馆发展对智慧城市建设有促进作用。

一、智慧城市建设与发展

智慧城市建设应统筹城市发展的物质资源、信息资源和智力资源利用,推动物联网、云计算、大数据等新一代信息技术创新应用,实现与城市经济社会发展深度融合。强化信息网络、数据中心等信息基础设施建设。促进跨部门、跨行业、跨地区的政务信息共享和业务协同,强化信息资源社会化开发利用,推广智慧化信息应用和新型信息服务,促进城市规划管理信息化、基础设施智能化、公共服务便捷化、产业发展现代化、社会治理精细化。增强城市要害信息系统和关键信息资源的安全保障能力。

(一)智慧城市建设的基本范畴

1. 智慧政府

我国智慧城市的建设始于政府信息化。智慧政府的核心是电子政务内外网和公共协同服务平台的建设,其目的就是通过电子政务促进政府管理的改革和创新。政府管理创新从本质来讲,就是以国家之力来推动我国政府信息化建设,以提高我国政府的管理能力和服务能力,提升国家在国际社会中的竞争力。从这个意义上讲,推动电子政务促进政府管理创新,促进政府信息化建设意义重大。智慧城市实施智慧政府信息化,应以网上行政审批、网上电子监察、网上绩效考核为突破口,以建设电子政务外网为基础,以在一个城市范围内建立政府公共服务体系为目标，重点实现政府各业务单位和部门之间的信息互联互通与数据共享，以此来大力推进政府信息化的建设和发展。

实现智慧政府信息化的重大意义如下。

（1）推动政府信息化，可以促进我国的改革开放和加快我国经济更好地与世界经济融为一体。通过构建政府信息化，推动电子政务，改变政府管理机制，提高政府管理的透明度、公开性，提高政府管理的效率等，可以使政府管理存在的问题得到更好解决。这对提升政府管理水平和服务能力，对政府管理适应我国改革开放带来的一系列挑战意义重大。

（2）通过推动政府信息化构建电子政府，可以提高政府决策的科学性、及时性、有效性，从而减少大量的重复建设，减少大量的财政资金浪费，这对于政府管理意义重大。

（3）通过推动政府信息化构建电子政府，可以真正提高公共服务的质量，提高政府的服务水平，增强政府的服务能力，促进管理型政府向服务型政府的转化。推动政府信息化，给企业、公众在网上提供一站式的服务、在线服务，不仅可以大大减少政府的办事时间，而且能够提高它的公开性、透明度，这对于改善政府的公共服务、改善政府和公众的关系、提升政府的形象意义重大。

（4）通过推动政府信息化、打造电子政府，可以实现资源共享，降低政府的行政管理成本。电子政务的核心就是：信息互联互通，数据和资源共享，网络融合，管理与服务协同。通过对信息的有效管理、高效处理，提高信息资源的共享程度，可以给国家降低大量的管理费用和节省人力。

（5）通过推动政府信息化，构建电子政府，能够提高公务人员的整体素质。增强政府信息化建设力度，电子政务的支持，开阔视野，改变观念，提高信息化技能，这对提高我国政府公务员的整体素质具有深远意义。

2. 智慧治理

目前智慧城市管理已经从前几年的"数字城管"，扩大到一个城市综合治理"大城管"的概念，涵盖了城市的市政管理、市容管理、公共安全管理、交通管理、公共及基础设施管理、水电煤气供暖管理、城市"常态"下事件的处理和"非常态"下事故的应急处置与指挥等。实行智慧城市管理后，城市的每一个管理要素和设施都将有自己的数字身份编码（物联网），并被纳入整个智慧城市综合管理平台数据库中。智慧城市综合管理平台通过监控、信息集成、呼叫中心等数字化技术应用手段，在第一时间内将城市管理下的"常态"和"非常态"各类信息，传送到城市综合监督与管理中心，从而实现对城市运行的实时监控和科学化与现代化的管理。

智慧城市实施城市信息化以数字城管为起点，以建设城市级综合监控与管理信息中心为基础，重点实现城市在市政、城管、交通、公共安全、环境、节能、基础设施等方面信息的互联互通与数据共享。以在一个城市范围内建立数字化与智能化的城市综合管理体系为目标，以此来大力推进城市信息化的建设和发展。

实现智慧城市治理信息化的重大意义如下。

（1）智慧城市管理代表了现代城市管理的发展方向。随着经济、社会的发展，城市管理必然要从过去那种粗放式管理走向精细化管理；从过去的行政管理转型到依法管理；从过去那种临时性、突击性的"堵漏洞式"管理，转到常态的、经常性的长效管理；从过去那种被动地处理转到主动地去发现问题和解决问题。要达到上述目的，就必须推进智慧城市治理，真正使政府治理城市及处理问题的能力从低效迟钝转向高效廉洁，进一步强化政府的社会管理和公共服务职能。可以说，数字化管理是建立城市管理长效机制的必经之路。

（2）智慧城市治理充分体现了以人为本的先进观念。城市是全体市民的，所以城市管理一定要有基本的立足点，就是要为广大市民服务，尊重广大市民的意愿，使市民反映的城管问题和生活中的诸多不便等"琐事"，通过数字化管理系统这个纽带成为政府案头的大事。激发居民参与城市管理的热情，形成市民与政府良性互动、共管城市的格局，并以此密切党和政府同人民群众的血肉联系，为构建和谐社会打下坚实基础。同时，对于党政部门转变执政理念和执政方式，提高执政能力和执政水平，都将会产生巨大的影响和发挥积极的促进作用。

（3）智慧城市治理可提高管理效率和降低管理成本。智慧城市管理系统涵盖了众多部门的工作内容，可实现各部门信息资源共享，能实现城市管理信息快速传递、分析、决策和处理，可以大大提高工作效率。由于城市管理人员监督范围扩大，可以节约人力、车辆等巡查成本。由于问题定位精确、决策正确、处置准确，能克服多头处理、重复处理等弊端，单项事件处理成本大大降低。这不仅可以提高城市管理效率，同时也建立了一套对各部门工作绩效进行科学考核的评价体系。

3. 智慧民生

智慧民生是智慧城市建设的基本内容。通过智慧城市社会民生综合服务信息化平台和电子政务外网搭建起政府与服务业、城市商业与企业、城市服务业相互之间的信息互联互通数据共享平台。大力发展城市"市民卡"电子商务、现代物流和社区信息化。以智慧城市社会民生服务信息化平台，整合市民卡、智慧社区、智慧医疗、智慧教育、智慧养老、智慧旅游、智慧生态环境、智慧商务与物流，以及网络增值服务、连锁经营、专业信息服务、咨询中介等新型服务业内的信息资源，实现信息互联互通数据共享，打造以智慧城市为代表的现代服务业新模式和新业态。

现代服务业是指在工业化比较发达的阶段产生的、主要依托信息技术和现代管理理念发展起来的、信息和知识相对密集的服务业，包括由传统服务业通过技术改造升级和经营模式更新而形成的服务业，以及随着信息网络技术的高速发展而产生的新兴服务业。智慧城市现代服务业发展的模式，就是要坚持服务业的市场化、产业化、社会化的方向原则，克服以往那种由"技术孤岛""资源孤岛"形成的"信息孤岛"，实现真正意义上的互联互通，让服务提供商能够高效率，低成本地满足客户的需求。智慧城市实施社会信息化应以城市"市民卡"运用为前导，以建立城市社会化公共服务体系为基础，实现智慧民生等方面信息的互联互通与数据共享。以共性支撑、横向协同、创新模式、促进民生产业发展为原则，大力推进城市现代服务业的发展。

城市现代服务业的发展应遵循以下原则。

（1）共性支撑就是在充分利用和集成社会存量服务资源的基础上，实施基础性、关键性的共性技术支撑。尤其是形成面向业务重组的服务标准和服务交互标准，为服务模式的创新和新业态的形成提供基础环境，占领现代服务业的制高点。

（2）横向协同就是要在以往以行业为主导的纵向发展模式基础上，按照市场化、社会化和产业化的原则，充分利用现代技术和管理手段，通过横向协同突破行业、区域的条块分割，为现代服务业协调发展提供示范。

（3）创新模式就是要在共性支撑的基础上，形成新的实物和非实物交易的商务流程，达到信息流、金融流、实物流和内容流的融合和协同；同时优选重点领域，实施有效益和可持续发展的应用示范工程，充分体现服务业态的创新。

（4）促进民生产业发展，以需求为导向，以服务型企业为主体，政、产、学、研结合，通过服务技术和服务交互的标准化，形成有效的社会第三方服务，建立现代服务业长期发展的研究和开发支撑体制，加快现代服务业产业链的形成。

4. 智慧产业

以信息化带动工业化是智慧城市建设的重要内容。以信息化带动工业化，以工业化促进信息化，走出一条科技含量高、经济效益好、资源消耗低、环境污染少、人力资源优势得到充分发挥的新型工业化道路，这是我国工业化和整个国家现代化的战略选择。

工业化和信息化是两个性质完全不同的社会发展过程。所谓工业化，一般以大机器生产方式的确立为基本标志，是由落后的农业国向现代工业国转变的过程。所谓信息化，是指加快信息技术发展及其产业化，提高信息技术在经济和社会各领域的推广应用水平的过程。总体上讲，在现代经济中工业化与信息化的关系是：工业化是信息化的物质基础和主要载体，信息化是工业化的推动"引擎"和提升动力，两者相互融合，相互促进，共同发展。

信息化带动工业化，就是要以智慧城市的建设来带动和推进企业的信息化，整合政府信息化、城市信息化、社会信息化的信息资源。以政府信息化为先导，以社会信息化为基础，走出一条以智慧城市为平台推进整个产业信息化发展的思路和策略。

信息化带动工业化的核心是产业信息化。产业信息化是指利用计算机、网络和通信技术，支持产业及企业的产品研发、生产、销售、服务等诸多环节，实现信息采集、加工和管理的系统化、网络化、集成化，信息流通的高效化和实时化，最终实现全面供应链管理和电子商务。产业信息化的水平直接决定了国民经济以信息化带动工业化的成败和产业及企业竞争力的高低，是我国目前经济发展的战略重点。企业作为国民经济的基本细胞和实现信息化、工业化的载体，其信息化水平既是国民经济信息化的基础，也是信息化带动工业化，走新型工业化和智慧制造发展道路的核心所在。

智慧城市实施产业信息化应以电子商务为龙头，以在一个城市范围内建立电子商务和现代物流体系为基础，来促进和带动当地产业的信息化建设和发展。智慧产业信息化建设要注重以下方面。

（1）产业应当提高从领导至全体员工的信息化意识，系统地了解信息化建设的知识，从产业发展的战略高度认识信息化的重要性，提高产业信息化建设的内在主动性。

（2）产业在信息化建设过程中要结合实际、循序渐进、量力而行。每个产业及企业都有自己的特点，其信息化建设也应该"量体裁衣"，不能盲目跟风。

（3）产业信息化建设要引进先进的管理理念，建立与先进的管理思想相一致的企业文化，使其不仅是先进的管理程序和手段，实际上也体现了先进的管理理念和管理思想。

（4）产业发展应当抓紧培养和引进一批既善于经营管理、又懂现代信息技术，还具有先进管理理念的复合型人才；与此同时建立完善用人机制，以便留住产业及企业需要的信息化人才。

（二）智慧城市的发展蓝图

第一，一体整合大平台。一体整合大平台是构成新型智慧城市政务信息资源和社会信息资源互联互通的共享平台。运用"信息栅格"开放的体系架构，采用以"平台为中心"的分级分类总体结构；以城市级共享信息一级平台为核心，形成与行业级二级平台、业务级三级平台的分级和政府政务、城市社会治理、社会民生、企业经济的分类数据与信息紧密相连的智慧化信息资源共享体系，为构建全国一体化的国家大数据中心奠定基础。

第二，共享共用大数据。共享共用大数据是构成新型智慧城市政务大数据和社会大数据采集、存储、应用的共享交换平台。

第三，安全可控大网络。新型智慧城市"天地一张栅格网"的核心是一个安全可控的大型网络，是为网络融合与安全中心。我们运用开放的"信息栅格"体系架构，构建以"网络为中心"的分级分类总体结构。以城市级互联网为基础，我们形成了一个大型网络体系，该体系与各级政府的电子政务内网和电子政务外网分级，并与政府政务、城市社会治理、社会民生、企业经济的分类数据和信息紧密相连，实现了网络融合与安全可控的一体化。

第四，协同联动大系统。新型智慧城市协同联动大系统建设，以跨部门、跨地区协同治理为新型智慧城市系统工程建设的主要形态，建成执政能力、民主法治、综合调控、市场监管、公共服务、公共安全等大平台、大数据、大网络的协同联动的大系统体系。形成国家协同治理的新格局，满足跨部门、跨地区综合调控、协同治理，一体服务需要，支撑国家治理创新取得突破性进展。

第五，"三中心一平台"信息基础设施。新型智慧城市网络融合与安全中心、大数据资源中心、运营管理中心、信息共享一级平台，即"三中心一平台"是新型智慧城市"六个一"核心要素的具体体现。"三中心一平台"是打通"信息壁垒"，消除"信息孤岛"，避免重复建设的信息基础设施，是解决网络融合与安全，信息互联互通、数据共享交换，业务协同联动的根本方法和措施。

二、智慧图书馆在智慧城市建设中的作用体现

智慧型图书馆的出现，既能满足越来越多的读者对知识的追求，也为"智慧城市"的建设提供最为丰富的建设经验、建设资料以及技术。同时，它提升着一座城市的文化品位，发挥着智慧型城市文化建设主阵地的作用。随着社会的发展、历史的进步，智慧型图书馆的社会化，已经成为当代图书馆事业发展的一个重要目标。智慧型图书馆在智慧型城市建设中具有以下几个方面的作用。

（一）智慧图书馆是智慧城市文化性标志

智慧型图书馆作为重要的文化载体，是一个城市文化的具体体现，也是一个城市对外交流的窗口，它在一个城市所发挥的文化传播作用是其他任何一个机构都无法替代的。作为智慧型城市文化的一个标志和象征，是因为它是文化、教育、科学事业的重要组成部分。从城市和图书馆的产生来看，智慧型图书馆是城市文明的标志。智慧型图书馆的存在

和发展对人类社会的进步起到积极推进作用。它广泛而完善地保存和记载了人类活动的各种资料，作为保存人类文明的知识宝库，在整个社会中占据着不可取代的重要位置，是一座智慧型城市重要的文化性标志。

（二）智慧图书馆是提高市民信息素养的重要场所

一座智慧型城市的建设、发展，风貌的展示都与市民的信息素质息息相关，而市民提高自身信息素质，接受信息素养教育的重要场所就是智慧型图书馆。随着社会的发展，传统的学院式教育形式已难满足社会的需求，广大市民们迫切需要社会提供提高自身竞争力的继续教育。智慧型图书馆作为社会教育科学文化事业的一个实体机构，进行社会教育始终是它的基本职能之一。

在信息化时代，智慧型图书馆更应成为广大市民接受信息素养教育、提高社会竞争力、更新科学文化知识的一个场所。智慧型图书馆应充分发挥其教育功能，从多领域、多层面向广大读者宣传数字资源、信息技术手段，来获取和扩大知识面。智慧图书馆运用先进快速发展的信息技术和网络技术，实现了图书资源的"云共享"，即使馆藏量较小的图书馆，也能够拥有与大图书馆相比肩的资料数量。此外，智慧型图书馆提供的多样化、高效率和个性化的数字服务可以极大满足读者的个性化需求，切实提高读者的借阅效率，如运用数字系统记录某个读者借阅的资料，然后根据所借资料推算出这个读者偏好方向，下次借阅的时候可以优先将这部分资料展现在读者面前。

（三）智慧图书馆为智慧城市建设提供信息资源支撑

智慧城市是数字城市与智能城市建设基础上的城市信息化的高级阶段，它的运行需要全面、及时、便捷、高效的社会化信息服务。智慧图书馆打破了传统的图书馆相对受限的使用条件，加快了对移动技术为代表的物联网、云计算等新一代信息技术的应用，实现全面感知、泛在互联、普适计算与融合。智慧图书馆充分利用二维码、RFID 无线射频等智能物联网技术，使每一位读者都能享受高质量、高效能的服务，通过微博等社交网络工具随时与地域内的读者、图书馆员进行沟通，并能对潜在用户起到激发和激励的作用，其信息资源支撑表现在以下三个方面。

一是个性化文献信息管理服务。数字图书馆联盟用户与手机用户信息互联，建立个人网上阅览间，用户可随时打开存储在服务器上的文献进行浏览。

二是社交网络服务。在智慧城市背景下，智慧图书馆联盟将聚集大批实名注册的固定用户和图书馆工作人员，利用微博、QQ、微信等即时通信工具进行沟通、交流，更快更直接地获取信息。

三是移动学习服务。为适应智慧城市建设需求，智慧图书馆已成为市民的学习平台，而移动学习使用户可以在任何时间、任何地点方便开展学习，获取信息资源。

第二节 5G 环境下智慧图书馆的发展

随着现代信息技术在图书馆中的应用，读者信息查询难的问题得到了有效解决。图书馆通过采用现代信息技术构建数字图书馆信息一体化平台，为读者提供图书信息在线查询、知识咨询、移动图书馆等业务。部分图书馆还引入了 AI 技术，创建智能服务空间服务。在智能服务空间，读者可以轻松参与公共图书馆的万人数字阅读活动。数字阅读不仅方便了用户阅读，也方便了图书馆管理，更为关键的是它使全民阅读活动进入千家万户，成为文化传播和教育的桥梁。而智慧图书馆智慧服务得益于互联网 5G 环境的诞生。5G 环境为智慧图书馆的发展提供了一个新的契机，但这也意味着智慧图书馆的创新发展遇到前所未有的调整。因为它代表着全新科技与创新思维的大融合。研究 5G 环境下智慧图书馆的发展机遇与挑战，对于我国公共图书馆的建设和服务功能的创新发展有着重要促进意义。

一、5G 技术的特征及价值

（一）5G 技术的网络特征

5G 技术是相对于 4G 技术而言的移动通信技术，即第五代移动通信技术。5G 技术深入融合了多种无线技术、多种业务的智能网络技术，它有效地提高了移动通信的带宽、速率，拥有更强的空口技术。

5G 技术的网络特征如下。

第一，高传输。5G 网络环境下，一份文件的下载速度只需 3 秒即可完成，它的速率是 4G 网络的 10 倍。高传输速率会带给用户更好的网络访问体验。

第二，高兼容性。5G 网络可以兼容多个移动终端同时访问一个物联网终端设备，且不会发生卡顿问题。它良好的兼容性既保证了用户访问网络的稳定性，又为信息平台信息及服务功能的融合提供了更大发展空间。

第三，大容量。5G 网络的容量相当于 4G 网络的 1000 倍，能够同时容纳更多物联网终端设备和更高要求的互联网需求。

第四，低延时。5G 网络延时仅有 4G 网络的 1/10，融合多种新一代信息技术时的网络延时最多不超过 1 秒。它可以满足更高要求的信息融合管理。

第五，安全性高。5G 网络的用户重点采用了先进的荚膜技术，有效地提高了用户访问网络的安全性，加强了对于用户信息的保护。

第六，多场景应用的特征。5G 网络在广泛的网络覆盖范围内具有更广泛的应用，支持多种业务以及 eMBB、uRLLC 和 mMTC 三种应用场景。这使得 5G 网络能够提供更加深入的网络覆盖层次。

（二）5G 技术的应用价值

5G 技术应用实现了智能感应、智能学习、大数据、物联网、云计算等业务及服务能力的整合，实现了各个领域所有信息及业务的大融合，为各领域业务及服务创新提供了全新的突破口，进而间接地提高了社会生产、流通及服务的效率，开启了社会各领域的智慧发展之路。

二、5G 技术下智慧图书馆的发展机遇与挑战

（一）5G 技术下智慧图书馆的发展机遇

1. 信息资源多样化

图书馆是文化产业领域的重要公共服务中心。它主要承担着文化传播的功能。对于公共图书馆而言，信息资源的多样化是保证文化产业活动多元化的前提条件。5G 环境下，公共图书馆的信息载体将以更加多元化的形态向人们展示，包括视频、动漫、音乐、电子图书等。而在视频方面，也更加多样化。包含 2k/4k 视频、3D 视频、VR/AR 视频等。进一步将 5G 环境为图书文献信息资源形态多样化提供了契机，也为相关的文化活动及数字产品创新提供了更多的展示方式。

2. 信息存储虚拟化

传统的图书馆资源存储以纸质媒介为主。5G 环境下将促进数字图书馆的发展，推动图书信息的存储从纸质媒介实体化向数字媒介虚拟化转型。这种虚拟化的图书信息存储方式有效地扩大了智慧图书馆信息存储的空间，增加了图书库信息存储的密度。同时，信息存储虚拟化还会带来资源管理向远程化、一体化、智能化转型，一方面为图书馆开展数字

化产品活动和智慧图书馆管理奠定了基础，另一方面极大地提高了公共图书馆管理的效率。

3. 功能服务智慧化

5G环境的发展对于公共图书馆而言，将迎来全新的服务变革。这种变革体现在图书馆服务的各个方面。第一，图书馆的入馆引导将趋向于自主化服务；第二，图书馆的借阅管理将趋向于自动存储方向；第三，图书馆的知识检索服务将趋向于大数据整合下的智能化、系统化检索；第四，文件参考咨询将趋向于动态化、实时化发展；第五，数字阅读信息推送将趋向于大数据分析下的精准化服务，且表现出智能化、主动化的特征。

4. 信息传播高速化

5G环境下，数字化图书馆的传播能够突破各种信息资源进行跨平台的快速、高效、精准传播。这种信息传播的高速化打破了传统图书馆信息文字化的传播，而是以更加多元化的视频信息传播为主。在信息传播管理上，有了5G技术的加持，信息传播智能化的特征将更加明显。

5. 用户阅读智慧化

传统图书馆在功能服务上创新受到最大的调整在于难以打破空间业务形态上的限制。5G环境下，数字阅读在高速度、低延时、大容量移动网络加持下，可以打破阅读空间的限制，创建虚拟空间，以多种业务形态方式开展数字阅读活动，给用户创造跨地域、跨物联网的沉浸式的阅读体验，从而刺激用户积极参与数字图书馆背景下付费阅读、付费学习活动。

（二）5G技术下智慧图书馆发展中面临的挑战

1. 信息化建设及管理安全方面的挑战

智慧图书馆信息化建设以5G技术为背景，需要进行多技术、多业务融合的构建。目前，在智慧图书馆建设方面，G技术、物联网技术、大数据技术、云计算技术的应用及维护是最大的障碍。目前，我国5G技术商运还处于发展的初级阶段，缺乏智慧图书馆数字阅读服务融合技术的支撑。此外，公共图书馆数字化建设必然走向信息跨平台、跨物联网等的信息融合。信息安全管理工作也是智慧图书馆信息平台未来维护中面临的最大困难之一。

2. 高水平数字化管理人员不足的挑战

进入智慧图书馆时代，公共图书馆的建设、管理对技术型人才的需求较大。我国公共图书馆虽然人员队伍整体非常壮大，但传统图书馆管理和智慧图书馆管理对人才的需求存在较大的差异。智慧图书馆需要的是高水平数字化管理人员，以及能够满足智慧图书馆建设及维护管理的新一代信息技术型人才。目前，我国公共图书馆在技术型人才方面明显不足。一旦进行图书馆岗位人员大调整，将有一大批的图书馆管理员面临着失业。不仅如此，智慧图书馆还面临着相应的组织架构调整，以适应现代智慧图书馆的智慧化管理及服务需求。

3. 图书信息管理中信息壁垒的挑战

智慧图书馆大数据信息资源整合、业务融合面临的首要问题是如何解决媒介融合过程中版权信息壁垒问题。该问题涉及作品资源、著作权人等方方面面的影响。虽然信息融合会给用户增加良好的阅读体验，但同时也增加了图书馆信息融合存储和管理难度。这意味着智慧图书馆信息存储库存储及信息管理将向更加精细化的分类方向发展。

4. 智慧图书馆建设资金前期投资不足的挑战

我国公共图书馆的建设经费均来源于财政分配，而数字图书馆的建设经费则来源于公共图书馆配额分配。智慧图书馆的建设在前期无疑需要投入大量自助设备、智能机器人、技术性人才等。这些都需要大量的资金投入，而资金不足也成为当前面临的重要挑战之一。

三、5G 技术下智慧图书馆建设的有效策略

（一）加强 5G 区块链技术在智慧图书馆信息系统中的布局

5G 环境下，智慧图书馆的智慧管理、智慧服务均需要在自助设备、自动系统的基础上开展信息安全交换，并实现万物互联的功能优势。它需要新一代信息技术深度融合，并以此为基础，加强区块链技术的应用，以及智慧图书馆信息系统平台的构建。公共图书馆要利用 5G 区块链技术来扩大公共图书馆智慧服务的应用场景及其范围，创新应用模式。5G+区块链技术可以采用分布式结构设计，以及子数据库系统的构建，来对图书馆信息系统进行分类管理。通过互联网技术、云计算、大数据技术、物联网技术、智能感应技术在公共图书馆区块链系统中的应用，构建智慧图书馆去中心化的分布式数据链，强化图书馆记账的安全性和记账效率，为智慧图书馆万物物联及互联设备交易奠定安全管理基础。

（二）重新调整图书馆组织架构及人员配置

5G 环境下，智慧图书馆的基础设备、配套设施都将面向信息化、数字化、智能化转

型，服务功能也将面向 AI 技术向智慧化转型。相对于传统的公共图书馆服务，智慧图书馆服务意味着图书馆岗位人员结构的大调整和冗余人员数量的缩减。为了适应智慧图书馆的智能空间、智慧服务、知识服务及技术服务等需求，公共图书馆应重新调整图书馆组织架构，并结合智慧图书馆转型发展需求进行岗位人员配置。在进行组织架构调整和人员配置前，可优先考虑原有的人员，并通过考核筛选综合素质高、岗位适应性强的人员，并对选定的人员通过技术、服务、素质等服务，来提升图书馆队伍的整体水平，适应智慧图书馆的全新功能及服务需求。在此基础上，智慧图书馆的建设需求引进高水平技术人员，构建图书馆智慧信息系统，解决人员与智慧图书馆发展之间的矛盾，并加强图书馆人员培训及岗位优化配置。

（三）打造大型公共智慧图书馆

现阶段，为了消除大批智慧图书馆信息壁垒，图书馆应积极以 5G 技术，融合 AI 技术及其他新一代信息技术，构建和完善智慧图书馆知识服务系统及平台，集中主力打造大型公共智慧图书馆。在 5G 知识服务平台设计中，应重点发挥 5G 互联网技术虚拟空间、泛化智能场景、高速化、低延时等特征，设计虚拟参考知识服务子系统，并利用大数据+AI 技术来挖掘和分析图书馆优质信息资源，建立分类精细的知识信息模块。在知识服务系统的智能检索与节约服务模块，还可以引入智能定位导航技术，增加远程智能自助借阅的模块，由用户自助登记上传信息，并由智能机器人根据系统提示为用户提供节约书籍的配送服务，来提高智慧图书馆的全程智慧化服务。

（四）进行智慧服务创新

公共图书馆一方面要忙于加大图书馆基础设施智能感应、智能管理等方面的建设，另一方面还要忙于文化产品智慧化服务的创新，同时还要解决资金筹集的困难，可谓困难重重。在 5G 环境下，智慧图书馆通过创新知识服务运营模式，增加知识创作、知识发表、知识传播等板块的智慧服务，利用虚拟化、智慧化服务空间，使图书馆知识以多元化的方式，在知识服务体系内实现全媒体的发布、接入、实时共享、在线远程服务等，满足用户更高要求的智慧图书馆体验。对于部分知识服务模块，可以阅读付费的方式呈现，模块的收益则可作为补充智慧图书馆建设和完善的资金来源。

综上所述，5G 环境下公共图书馆将迎来一场全新的信息及服务的智能化变革，这种智能化变革将为智慧图书馆的建设，以及创新性开展智慧业务、智慧活动奠定多技术、多业务融合基础，促进图书馆智能技术与大数据技术、物联网技术、云计算技术等新一代信息技术的深度融合，构建全面智能化的图书馆信息管理系统，整合图书馆人、物、环境、设备等管理要素，最终构建起集数据业务融合、智能感应、个性化推送、精准化服务、支持用户智慧阅读等功能于一体的智慧空间，将虚拟空间和实体空间相互融合，实现智慧图书馆线上与线下、个体与社群用户同步发展、相互支持的发展目标。

第三节 元宇宙时代智慧图书馆的发展

一、元宇宙的界定及其特点

2021年，在世界互联网界发生了两件大事。第一件是在线创作游戏平台 Roblox（一般被音译为"罗布乐思"，在国内目前由腾讯代理运营）于2021年3月上市，并声称自身是一个元宇宙平台。其在随后的媒体评论中也被称为"元宇宙概念第一股"。第二件是覆盖人群范围最广的社交网站 Facebook 于2021年10月更名为 Meta，并宣布其核心业务转向全新的虚拟社区，其中的 Meta 一词来自英文"Metaverse"，也就是元宇宙。与此同时，谷歌、苹果、微软、腾讯、字节跳动等互联网企业纷纷跟进，宣布进军元宇宙领域。因此，2021年也被媒体称为"元宇宙元年"。

"元宇宙"一词，出自美国作家尼尔·斯蒂芬森1992年出版的小说《雪崩》，其描绘了一个在一定程度上复刻了现实世界的虚拟环境，用户可以通过虚拟现实设备进入并生活在这个虚拟环境中。《雪崩》这类赛博朋克文学，最早可追溯到美国作家威廉·吉布森1984年出版的著作《神经漫游者》。其作品描绘了人们通过脑机接口进入电脑网络的场景。而这也为知名影视作品《攻壳机动队》《黑客帝国》等提供了重要灵感。

元宇宙概念热度的高涨，主要得益于数字技术的日渐成熟、商业利益的驱动。在一定程度上改变了人们生产生活方式的背景下，元宇宙提供了一种新的人与人之间、人与虚拟环境之间的交互模式，为人们丰富文化娱乐生活提供了更多可能。

公共图书馆作为向群众提供公共文化服务的重要平台载体，其在满足群众多层次、多维度的文献资料借阅需求方面发挥着重要作用。同时，在信息技术不断取得突破的今天，公共图书馆建设可以充分吸收元宇宙的理念和特性，跳出中心式提供服务的思维，通过搭建虚拟交流平台、增加读者创作模块、构建经济系统等推进智慧图书馆建设，打造平台形式的虚拟阅读社区，在提高读者服务水平的同时，增强为用户提供内容的积极性，更好地提高公共服务效能。

本研究认为，由于以下几点特征，使得元宇宙平台与其他传统社交平台有了本质上的区别。

第一，重塑身份。用户可以在元宇宙平台中重新构建自己的身份，不局限于自己的真实生活。现实生活中的学者，在元宇宙平台中可以成为企业家、工程师、医生、歌手等。这样，用户正常工作之外的第二兴趣偏好或技能得到充分开发，极大程度上丰富了生活体验。同时，可以和现实中的朋友均以不同身份共同进入元宇宙平台，极大程度上丰富社交网络。

第二，游戏规则。元宇宙平台需要明确用户接入平台所必须遵循的行为规则，通过规制约束以促进用户文明友好交互、平台安全运行。这些行为规则要以现实通行的法律为基础，但由于不同国家的法律法规不一，因此应遵循最高的法律要求。然而，由于元宇宙平台是通过信息技术搭建的虚拟世界，其运行规律不必要局限于现实世界的物理规律，可以根据需要采取不同于现实世界的物理参数，也可以调整虚拟个体的物理形态。比如，在元宇宙平台中，可以通过参数设定，使得交通工具可以低速飞行。

第三，开放内容。元宇宙自身可以向用户提供体验内容，但更重要的作用在于提供一个平台，使元宇宙用户成为内容的创作者，通过元宇宙平台以分享、出售等方式提供其他用户体验。元宇宙平台的开放性，使得每一个用户作为内容使用者的同时，都可以成为潜在的内容开发者。这为平台的拓展性和丰富程度提供了基础。

第四，经济系统。在元宇宙平台中设置数字货币，并明确交易规则，是元宇宙吸引用户提供内容的重要激励机制。由于货币系统存在，用户分享自己创作内容的动机不再是简单地获得关注、获取认同，而可以通过内容得到虚拟货币收益，而这种虚拟货币收益大多可以在现实世界中变现。这样，用户就更有意愿在平台中创作并提供内容。

第五，沉浸体验。通过虚拟现实等信息技术，用户可以在视觉上获得十分逼真的体验，这种体验使用户能够较为真实地感受到自己在体验第二个身份、享受第二种生活，于是有强烈意愿在元宇宙中探索、体验、创作以及分享。

以上五个特征中，本研究认为最本质的是开放内容和经济系统。开放内容使得用户在元宇宙平台上可以体验到十分广泛的内容，为平台积累用户基础提供了条件；而经济系统为用户在平台创作分享内容提供了有效的激励机制。某种意义上，元宇宙平台与多数大型多人在线角色扮演游戏（如美国暴雪公司开发的《魔兽世界》）存在一定相同属性，如重塑身份、经济系统、沉浸体验等。但由于角色扮演游戏的内容仅由游戏公司提供且形式较为单一，玩家无法开发属于自己的内容，因此多人在线角色扮演游戏与元宇宙有本质的区别。

二、元宇宙与智慧图书馆的契合点

我国《"十四五"文化和旅游发展规划》明确提出，推广"互联网+公共文化"，推动数字文化工程转型升级、资源整合，统筹推进智慧图书馆、公共文化云服务体系建设。简言之，智慧图书馆建设，旨在充分利用 5G、大数据、区块链、人工智能等新一代信息技术，推动读者与图书馆交互、图书馆管理等实现革新，以更好向公众提供公共文化服务。

通过上一节对元宇宙平台特点的归纳，不难发现智慧图书馆与元宇宙平台之间有很多共同之处。

第一，二者均提供了一个连接用户和内容的平台载体。传统公共图书馆通过提供物理阅读空间、提供借阅服务等方式向读者提供服务，智慧图书馆更加注重通过线上与线下融合、虚拟资源与真实资源融合等方式为读者提供内容，元宇宙平台也通过多种方式为用户提供了可供体验的内容。两者的不同之处在于，图书馆更多地以中心化的内容提供方式、围绕提升阅读体验来提供服务，而元宇宙平台更多以去中心化的方式提供内容，并且内容不受业务局限、覆盖范围广泛。

第二，二者均旨在通过信息化、数字化手段为用户提供更丰富的内容体验。智慧图书馆建设，目的在于通过对传统图书馆的改造提升，让读者享受多种方式、多重维度、高效便捷的公共文化服务体验。而元宇宙平台就诞生于移动互联高度发达的当下，由于具有高效互联、开放内容、经济系统等基本特征，对信息技术、数字技术的应用和需求是不言而喻的。而信息技术也极大丰富了可供用户体验的内容，为图书馆和元宇宙平台积累用户基础提供了途径。

第三，二者均可以通过提高用户黏性获益。图书馆的用户基数，决定了其提供公共文化服务、传递价值观念的效能，用户基数越大，其在进行公共文化宣传时的影响力和号召力就越大，职能作用发挥相应也越充分。元宇宙平台天然具有网络外部性，即用户基数越大，吸引其他用户使用平台的意愿就越强，而用户活动可以使平台获取直接或间接收益。因此，两者都有意愿积累忠实的用户群体。

同时，元宇宙平台理念也为智慧图书馆建设提供了有益借鉴。

第一，建立用户分享模块。这是元宇宙平台为智慧图书馆提供的最重要借鉴，即图书馆不仅可以作为内容的提供者，还可以成为一个连接内容创作者和内容体验者的平台。关于公共图书馆如何发挥平台作用，激励读者创作和提供用户生成内容（user-generated content，UGC），学界已有过一些讨论。元宇宙理念则真正可以使这一设想成为现实。

第二，建立经济系统。这是激励多数用户在智慧图书馆平台创作内容的必要条件。通过构建经济系统，形成激励机制，既有利于丰富平台内容，也有利于提高读者黏性。经济系统的关键，在于设置在智慧图书馆中流通的数字货币，并对交易规则给予明确。同时，考虑到智慧图书馆平台的活跃程度应与读者的阅读行为正相关，因此平台数字货币的发行速度应与读者群体累计阅读量相关，以避免通货膨胀和通货紧缩。

三、元宇宙时代智慧图书馆员的培养

（一）元宇宙时代智慧图书馆员的职业能力新需求

元宇宙是科技发展到一定阶段的必然产物，作为新时代开启的标志，具有以下几个基本特征：①虚实结合的沉浸式体验；②用户生产内容；③完整的法律、经济和服务等社会体系；④逐渐生长的文明；⑤社交网络；⑥新技术整合。其时代特征对馆员的数字素养、信息素养等方面职业能力提出了新的要求，馆员不仅应该具有为真实世界服务的能力，还需要熟悉虚拟场景并熟练掌握相关技术工具。元宇宙技术从理论落地到实践应用，需要经历一个漫长过程。在此过程中，智慧图书馆员作为一种新职业，需要不断赋能应具备的素养与能力。在此背景下，本研究对智慧图书馆员提出以下三点职业能力新需求。

1. 实现智慧泛在的技术能力

（1）技术开发能力。

2019年世界5G大会在北京召开，科学技术部部长指出5G技术持续演进，通过感知泛在、连接泛在和智能泛在实现了万物互联，与大数据、云计算、人工智能结合起来推动整个社会的信息化和数字化转型，改变了社会治理和生产方式，并逐渐由通信工业领域扩展至文化服务领域。图书馆界积极探索5G技术在智慧图书馆中的应用，认为5G+智能技术驱动了图书馆智慧服务的发展。通过对已有智慧馆员相关研究分析后发现，不论是馆员职业胜任力提升路径的探索，还是智慧图书馆员创造力培养策略的研究，都离不开5G技术的深度应用。但5G的发展已进入快车道，全球已经开始6G技术的研发，中国5G技术走在世界前列。智慧图书馆需要智慧图书馆员既具备5G时代技术赋能实现智慧服务的能力，又具备6G技术以及虚拟现实、增强现实、云计算、区块链等多种技术实现智慧泛在数字模式的职业能力。

（2）技术评估能力。

5G技术的不断构建和广泛、深入应用，推动智慧图书馆建设进入提速阶段。技术作为方法和工具在智慧图书馆建设中发挥着主要作用。元宇宙时代的到来，图书馆员面对的现实问题便是选择哪项新技术建设智慧图书馆。这第一步就是运用专业技能对各项技术进

行评估。做好技术评估，先要构建评定指标，厘清技术情况和适用程度，从而选择对图书馆业务更有帮助的技术手段，做到"技术为业务服务"。

(3) 技术应用能力。

开发和评估是为了更好地应用。图书馆对智慧技术的应用较早见于高校智慧课堂的建设中。2011年上海交通大学首创"智慧泛在课堂"，即图书馆针对每位学生所选修的课程，主动推送对应的电子资源，提供个性化定制的教参资料，这是图书馆应用智慧技术、探索智慧泛在服务的重要实践。

元宇宙不是技术，应为一个理念和概念。6G技术为元宇宙的构建与实现提供基础设施，并为其赋能；同时，元宇宙亦是6G技术的关键核心和基本需求。可以说，6G技术与元宇宙互相促进发展、演化、升级、迭代。6G将为人类开启一个数字孪生、智慧泛在的世界。柔性、极简、智慧内生、安全内生和数字孪生的智慧馆员，成为实现图书馆智慧泛在数字模式的关键因素。

2. 推动服务转型升级的知识能力

(1) 情报分析能力。

为满足创新型社会和国家科技创新建设的需要，协同创新成为各学科、各机构追求的新趋势，图书馆也不例外。且图书馆作为公共文化服务机构支持大量信息和科研需求的满足，因此，图书馆员对信息和用户需求的深度分析成为必不可少的专业技能，需要图书馆员掌握情报分析能力，开展情报分析服务。例如，感知社会需求和环境，定位图书馆未来的发展方向；基于云计算技术深度挖掘分析用户信息需求提供精准定制服务；结合馆内整理的用户借还数据，开展专业化的需求情报分析。

(2) 科学评价能力。

科学评价能力是元宇宙时代对图书馆员提出的基本要求。科学评价以推动图书馆更好发展为目标，以科学的评价体系为准则，对图书馆员的服务能力和自身水平进行全方位考察，既要重视各部门之间的工作差异性，更要重视用户对图书馆的使用满意度，对智慧图书馆建设的各个方面都给予评价和关注。图书馆员作为图书馆内的专业人员，科学评价能力的高低影响着图书馆水平的高低。因此，为推动图书馆的服务转型，以多样性、开放性、渐进性、生成性和激励性为评价原则，以评价促进图书馆发展。

(3) 智识服务能力。

智识与知识密切相关，知识是智识的"原材料"。在经历文献服务、信息服务、知识服务三个阶段后，图书馆发展到了智慧化阶段，用户的需求从传统的借阅服务逐渐转变成为更高效的智能挖掘、软件更新服务。读者需求的更新对图书馆员的能力素质提出了更高要求，那就是将智慧图书馆员培养为具有新时代快速吸收知识能力的高端数字人才，并最终确定了"以知识服务为基础，以智慧馆员为关键，创造性地对文献、信息和资源进行整合，从而提供高水平智识服务的服务模式"。智识服务并不是指摒弃已有的知识服务，而是在专业知识服务基础之上，要求图书馆员灵活运用个人能力参与图书馆内各项工作。智识是脑力的运用，图书馆知识服务向智识服务的转变，体现了智慧化阶段图书馆员职业能力的提升和认知水平的升级。

3. 满足用户需求的创新能力

（1）理论创新能力。

图书馆传统的管理理论缺少创新性和批判性。一直以来，图书馆研究馆员依赖已有理论进行科学研究和科研服务，思维逐渐固化，较难支撑起元宇宙时代图书馆功能和服务的转变。此时，加强管理理论和服务理论的创新就显得尤为重要，并对图书馆员的核心知识素养和科研创新能力提出了新要求：打破原有理论束缚，规划重点研究主题；摒弃经验主义，做到推陈出新。通过理论创新满足智慧图书馆管理创新和用户服务创新。

（2）管理创新能力。

图书馆的运行模式随着环境和社会的发展而改变。作为组织机构，管理必不可少。图书馆的管理内容多围绕"人"和"物"两方面展开，元宇宙时代图书馆员要创新管理能力，在做到数字化、网络化管理的基础上增加智慧化管理，以业务管理+人力资源管理为中心，以智能硬件+软件管理为抓手，提升图书馆服务效率，最大限度满足用户需要。

（3）服务创新能力。

为用户提供服务是图书馆员的责任和义务。过去图书馆传统的参考借阅服务难以满足智慧图书馆的读者需求，因此，以人工智能和云计算技术为背景、以智慧服务为模式，构建精准用户画像，提供个性化的定制服务，是图书馆员在元宇宙时代创新服务能力，满足用户需求的必要手段。因此，智慧图书馆员的首要任务是提升数据处理与分析水平，依靠馆内智能设施精准掌握读者喜好，挖掘出更多更深层次的具有更高价值的信息，以满足广大用户的实际需求，提供定制化的优质服务。

（4）品牌设计与创新能力。

品牌常见于商业领域，后作为一种新的服务理念和创新能力受到图书馆界重视。图书馆品牌是一种较为特殊的品牌形式，通过建立起某种受到社会认可的形象特征，彰显自身的独特性，从而形成差别优势和竞争能力。品牌是图书馆发展的特色与标签，品牌设计与创新能力是图书馆品牌建设的关键。智慧图书馆要求馆员灵活运用云计算和区块链技术，对用户和社会需求进行全面系统调研，对图书馆形象进行研究分析评估，更新图书馆内涵，设计图书馆品牌，形成特色品牌服务，树立智慧形象。

（二）元宇宙时代智慧图书馆员职业能力培养新路径

智慧图书馆员作为一种新职业，并不是要淘汰现有图书馆员，而是要以现有图书馆员为基础，培育一支能从事智慧图书馆业务的新馆员队伍。基于现状和发展考虑，图书馆的智慧馆员队伍将由三个部分组成：其一，按照智慧图书馆员的职业能力需求，招聘新馆员。具有新技术能力和智慧素养的新馆员，将在智慧图书馆建设中发挥关键作用。其二，以现有的参考馆员、学科馆员和数字人文馆员为基础，将其作为图书馆的重点培养对象，成立一支智慧图书馆员的骨干力量，成为智慧图书馆员第一梯队。其三，除参考馆员、学科馆员和数字人文馆员外，图书馆内的其他馆员也要按照智慧图书馆的发展需要进行培养，从中选拔一批进入第二梯队。为帮助图书馆建立规范性培养路径，更好开展馆员能力培养工作，本研究就培养路径的三个重点展开讨论。

1. 建设职业能力标准与智慧馆员认证体系

国外针对图书馆员职业能力制定了一系列标准。美国颁布实施了二十余个图书馆员职业能力标准，大部分能力标准文本都强调了馆员的信息技术、学科技能、职业素养与研究技能；新西兰奥特亚罗瓦图书馆和信息协会（LIANZA, the Library and Information Association of New Zealand Aotearoa）知识体系以信息为脉络，按照信息流的流向对馆员的职业能力提出要求，并将云计算、大数据等 IT 技能作为馆员专业能力的评判标准。我国虽已出台部分行业领域内的职业技能标准，但诸多因素导致我国图书馆员职业能力相关标准并未落地。现今，智慧图书馆员作为图书馆业态新模式，亟须建设相关职业能力标准，做到以标准为导向的智慧化培养。

仅依靠标准制定无法支撑智慧馆员培养新路径的建设，《行动纲要》第十六条提出"推进国家学分银行建设，发挥开放大学优势"，加强全民终身数字学习。智慧图书馆可借鉴于此，搭建图书馆"学分银行"发挥馆内资源优势，畅通人才提升渠道，推动制定适应智慧发展的馆员认证体系，并定期开展考核评估，设计符合智慧图书馆员新职业标准的培训体系和配套的资源业务，为智慧图书馆员的建设提供可靠可行的维度支持与保障。

2. 开展三大素养教育和技能培训，搭建终身学习平台

从目前各类图书馆广泛开展的信息素养教育来看，图书馆员在提供信息服务的同时提高了自身的信息素养能力，从事信息素养教育工作的馆员应具备成为信息素养师的能力。2017 年 8 月，国际图书馆协会和机构联合会发布《CIFLA 关于数字素养的声明》，指出应

将数字素养定位为图书馆的核心服务,支持图书馆实施数字素养和创新空间。《提升全民数字素养与技能行动纲要》的出台,为图书馆扩大社会影响、实现高质量发展提供了新的机遇。由此可见,图书馆在提升全民数字素养与技能上大有可为。图书馆提升数字素养教育与技能培训是图书馆守正拓新的必要。高端的数字人才培训体系,丰富的职业技能培训课程对于智慧图书馆培育创新型、复合型的数字人才有着极为重要的意义。

对智慧图书馆员来说,仅具备较高的信息素养和数字素养仍然不够,还特别需要具备数据素养。因此,要科学设计馆员的数据素养教育与技能培训方案,加强馆员的数据科学理论知识储备,培育馆员的数据分析处理与传播能力,特别是大数据分析能力和大数据服务能力。这类培训活动的开展不仅是智慧图书馆对馆员的要求,更是图书馆自身适应数据科研范式转变、服务于国家大数据战略的需要。

终身学习平台是加快培养数字人才型图书馆员,缩小各级各类图书馆馆员能力差距的有效方式。智识学习平台的建立可以基本满足智慧馆员的培养需求,即实现线上和线下资源全覆盖,技术手段和政策文本相结合,加强馆员之间的互联互通,在终身学习的过程中弥补不足。元宇宙时代,图书馆和智慧图书馆员更要展现新作为、新担当,更好服务于智慧城市乃至智慧中国建设。

3. 注重培养计算思维和创新思维,实现智慧"云"赋能

图书馆员计算思维和创新思维的形成,对于智慧图书馆的发展有着重要推动作用。智慧图书馆应依托云计算技术全面考虑智慧图书馆员的培养体系设置,通过对实际服务过程中可能遇到的问题进行拆解和层层分析,掌握智慧服务的计算原理,开拓新的服务思路,提高馆员对人工智能知识的灵活运用。

目前,已有研究将 5G 边缘云技术应用于教学领域解决教育资源不均衡等社会问题。图书馆作为文化教育中心,智慧图书馆是在图书馆数字化的基础上,实现了智能化、网络化、全球化与社会信息化的产物,是数字化图书馆发展理念与实践的延续与升华,应充分运用 5G 技术,面向信息模型,打造智慧"云"馆员,提高馆员数字化竞争力,探索智慧驱动新范式。

基于虚拟聊天机器人在图书馆业务工作中的应用,2012 年,柯平等提出虚拟图书馆员这一新的馆员类型。随着人工智能技术和机器智慧化水平的不断提高,在智慧图书馆员培养中,亟须发展具有计算能力的虚拟智慧馆员,作为具有计算思维的智慧图书馆员的辅助和支持。未来在智慧图书馆员的岗位规划中,可以设置每一岗位的 AB 岗,由智慧图书馆员作为 A 岗,虚拟智慧馆员作为 B 岗,相互配合支持,实现图书馆面向每一个读者的 24 小时实时智慧服务。如果有虚拟智慧馆员的辅助和支持,就可以冲破当下图书馆面临的时

空限制，将人的智慧与机器的智慧有机结合起来，更好地实现图书馆服务的目标。

总之，从智慧中国到智慧城市，从智慧社会到智慧图书馆，智慧人群发挥着重要作用。作为智慧人群之一的智慧图书馆员，是图书馆智慧发展的内核驱动力和智慧图书馆系统中最重要的核心要素。智慧图书馆员是具有自我螺旋上升意识的公共文化服务者，是社会整体环境的变化和智慧技术的迅猛发展催生出的面向智慧图书馆的新职业。从 VR/AR 到元宇宙，科技的革新、蝶变为智慧图书馆发展带来新的机遇与挑战，对智慧图书馆员提出了更高要求。

四、元宇宙时代智慧图书馆的发展路径

如果说智能设备是建设智慧图书馆的重要手段，那么信息技术则是赋予图书馆智慧灵魂的动力源泉。元宇宙聚合多元技术手段，打造沉浸式体验创新发展新形态，实现真实触感的物理世界与虚实互动的感知世界高度融合。基于元宇宙技术的智慧图书馆在创新发展的道路上必将迎来转段升级的跃升奇点。

（一）借助数字孪生和虚拟现实为智慧图书馆发展提供全景式新场域

数字孪生（Digital Twin，DT）作为元宇宙的核心技术之一，是实现物理世界与虚拟世界实时互动的重要技术。智慧图书馆融合数字孪生与虚拟现实/增强现实（VR/AR），以物理图书馆为映射对象，在虚拟空间中构建与物理实体进行实时双向映射的 DT 模型，实现对图书馆物理动态的全息仿真与监测管控，进而重塑智慧图书馆的场景应用格局。

1. 虚实共生：提升智慧图书馆空间服务能力

元宇宙环境中的图书馆依托数字孪生技术生成生态空间的镜像，营造虚实共生的智慧图书馆特性，以取之于现实物理空间的三维全景镜像为背景，依托增强读者用户感知体验的智能交互设备，生成融合情境预设与动态建模的服务场域，打造全息图书馆孪生空间，为读者用户提供沉浸式体验。简言之，智慧图书馆利用数字孪生技术以数字化方式创建实体图书馆各个场景要素的虚拟映射，借助多元数据和算法模型实现线上、线下数据流通的智慧孪生图书馆空间，进而为用户提供全要素表达、全过程呈现、全周期可溯的虚拟漫游、沉浸阅读、VR 导航等虚拟服务。用户以元宇宙概念中的数字人身份远程漫游于孪生的虚拟图书馆空间内，可随意翻看馆藏资源实现沉浸阅读，借助虚拟现实装备感受自身游览般的真实体验；数字人之间可互动交流，参与线上活动，进而实现社群效应和图书馆服务推广的裂变效应，提升智慧图书馆空间服务能力。

2. 数据赋能：提升智慧图书馆精准服务能力

数据资源是构建图书馆智慧服务的基础。图书馆精准的智慧服务离不开用户的各类数据资源，智慧图书馆可利用智能监测与数据挖掘技术采集用户动态孪生数据资源，通过对用户的运行轨迹进行宏观认知和微观体察，结合算法模型对数据进行自动分析和规律获取，模拟规律仿真推演出用户潜在知识服务需求，并形成个体数据集映射到图书馆虚拟空间内，同时嵌入匹配用户画像的定制网页推荐提醒功能，实现资源服务与用户需求的智能耦合，进而提升智慧图书馆精准服务能力。

（二）借助人工智能为智慧图书馆发展提供智能化新动力

如果说数字孪生为元宇宙图书馆创造出虚拟化身，那么人工智能则是元宇宙图书馆的最强大脑。元宇宙借助大数据人工智能技术，能够为智慧图书馆发展提供强大的智能化支撑。

1. 智能感知：提升智慧图书馆公共文化服务能力

智能感知是人工智能技术的重要组成部分，机器具备了视觉、听觉、触觉等感知能力，可将多元数据结构化，并用人类熟悉的方式去沟通和互动。将智慧图书馆赋予感知能力是提升服务效率的动力源泉。智慧图书馆依托万物互联之势搭建智能平台，实现资源、管理与服务的全方位感知。元宇宙环境下，资源和数据多元且庞杂，智慧图书馆依托人工智能搭建智能感知平台，将散点的数据融合化，利用周密的算力体系对感知数据进行分析处理，进而提高智慧图书馆服务用户的精准度。

2. 认知智能：打造智慧图书馆沉浸式体验服务的巅峰

达摩院 2020 十大科技趋势中提到：人工智能在"听、说、看"等感知智能领域已经达到或超越了人类水准，认知智能将从认知心理学、脑科学及人类社会历史中汲取灵感，并结合跨领域知识图谱、因果推理、持续学习等技术，实现从感知智能到认知智能的关键突破。在数字技术和用户需求的双重驱动下，图书馆界在认知智能提升智慧服务方面已经做了大量探索。初景利等在界定智慧图书馆定义时认为：智慧图书馆应该是通过人机交互的耦合方式，致力于实现知识服务的高级图书馆形态。智慧图书馆在认知智能技术的加持下，通过引入自然语言理解、物联网及 5G 通信等技术，将实现人与机器人交互共生的发展格局，用机器人的技术智慧，提升公共文化服务的"智商"和"情商"，跨越人机交互之间的"技术鸿沟"，进而提升数字化应用场景中读者使用资源的便捷性。

随着元宇宙概念的提出，脑机交互将成为下一代人机交互的主流方式。元宇宙需要沉浸感，脑机交互以采集人脑的脑电波信号方式实现对虚拟场景的指挥，能产生更好的体验感。未来智慧图书馆将借助脑机交互技术为用户提供一个沉浸体验、具身交互的虚拟现实深度融合系统，让用户利用海量资源和技术工具实现"可见即可感知""可想即可尝试"的愿望，彻底打破现实与虚拟之间的壁垒，让用户真正地感受智慧图书馆沉浸式体验服务的巅峰。

（三）借助区块链为智慧图书馆发展搭建安全可靠的信息共享通道

如果说数字孪生的拟真和人工智能的同步让元宇宙的沉浸式体验锦上添花，那么区块链得天独厚的安全机制，将为元宇宙可信、有序的生态发展保驾护航。2021 年，区块链被纳入国家"十四五"规划，该技术在数字产业化和产业数字化过程中发挥着重要作用。元宇宙借助区块链赋能智慧图书馆创新发展，以保证数据和资源可信共享为基础，为用户提供安全可靠的生态服务环境。

1. 可信共享：助力全民阅读蓬勃发展

从 2014 年至 2021 年，全民阅读已连续八年被写入政府工作报告。区块链技术的引入，必将为全民阅读服务体系提供不可估量的技术支撑。区块链以其天然的去中心化、分布式记账和不易被篡改等特征，有效地解决了阅读行为中参与度低和碎片化等问题。利用去中心化的区块链技术对馆藏资源进行分布式存储，将数据资源散布到用户可以任意获取的信息节点上，运用不可篡改和共识机制构建一条安全可靠的信息通道，基于区块链技术构建馆藏资源系统的智慧图书馆，都可以被视为其中一个节点，运用 P2P、共识机制及智能合约技术，推动节点之间的数据资源共享，能够有效地破除"信息孤岛"壁垒，促进信息的传播与共享，进而为全民阅读提供充足的精神食粮。同时智慧图书馆利用分布式记账技术，将用户的阅读轨迹完整地封装上链，建立分布式个性化阅读标签，通过可追溯特征形成广泛的智权保护追踪鉴证机制，激发用户的参与热情，助力全民阅读蓬勃发展。

2. 完善监管：营造良好的数字生态环境

解决数字确权问题是赋能建立数字生态的前提。元宇宙以区块链技术为底座，利用哈希算法对数字作品进行身份认证，同时借助非对称加密技术确立数字作品与生产者之间的对应关系，用户利用私钥进行电子签名，并通过共识机制进行约束以确保数字产品的电子身份不被篡改，完成数字资源在区块链的确权。区块链见证了数字资源的生产和交易管理的全过程，能够有效地建立数字身份监管体系，实现数据的确权与可信共享，进而营造良好的数字生态环境。

第四节　大阅读时代智慧复合型图书馆发展

一、背景思考：全媒体+大数据=大阅读

计算机出现以来，数字化信息革命引发了新的阅读革命。在一百年不到的时间内，新一轮的信息革命已经从数字化走向数据化，从多（跨）媒体走到全媒体，网络的概念已经从互联网、移动互联网、物联网、工业互联网不断演变成"信息物理系统（Cyber Physical System，CPS）"和"元宇宙（Metaverse）"。这个信息化迭代进程首先带来了信息介质革命，进而直接引发阅读革命。

（一）全媒体：改变读写方式，影响读写能力

在2010年上海世博会盛大召开期间，在上海图书馆主办的"第五届上海国际图书馆论坛"上，笔者曾经做过关于"全媒体时代图情服务的挑战"报告，关注了当时国际国内出现的两个热词"transliteracy（全媒体素养）"和"omnimedia（全媒体）"。如今，对于全媒体认知已经不仅是出版界、图书馆界的共识了，而是全社会的了。数字阅读正在朝着基于全媒体的全息阅读方向发展和升级。所谓全息阅读就是指全时空、全场景、全介质、全员、全体验的知识交流活动。全息阅读将给人类的阅读理论与实践带来重大变革，重塑阅读价值链。十几年前中国出版传媒界热议的"全媒体"的本质，其实就是信息化、数字化进程中的"多媒体""跨媒体"概念；从更泛化的媒体概念去理解，"全媒体"是指综合运用多种媒介和终端、多种网络和平台，以文字、图片、声音、影像等元素全天候、全方位、立体化展示传播内容的状态和模式；时至今日，仅仅用数字与非数字来简单划分新、旧媒体显然是不够了，由于技术和模式创新，数字媒体也已经是"富媒体"了。

（二）大数据：扩大阅读内容，影响思维模式

当我们的团队2011年11月在《文汇报》上发表《大数据：数字世界的智慧基因》时，当笔者2012年4月在《文汇报》发表《智慧城市：智慧来自大数据》的时评时，我们还是从一个科技情报工作者的视角出发，对于大数据的认知和理解还是主要基于数据处理、信息分析将颠覆人工智能技术和相关产业发展。随着国内外对于大数据技术和产业的研究与实践不断深入，对于大数据的理解又多了一个"图书馆员"的维度，图书馆不仅可

以利用"数据驱动创新"继续赋能图书馆的服务、业务和管理,图书馆还将面临更多挑战和机遇——馆藏建设和服务中如何处理"非传统内容"?大容量存储和 5G 等新一代通信技术将带来海量的非文本的图片、影像和声音等可阅读内容,利用传感器、物联网和可视化技术将带来更多过去无法"阅读(甚至感知)"的可阅读内容,这些变化是"大数据"对于人类阅读更本质、更深刻的影响。因为人类的阅读行为本质上是指人类的大脑接受外界的一切信息,并通过大脑进行吸收、处理并理解的过程。只是在漫长的人类信息革命历史进程中,我们一直仅仅把"用眼睛看文字、图片"称为"阅读",而且迄今最长的"阅读"历史是语言和文字发明之后,造纸术和印刷术发明之后,"文字和图片"一直被存放在"书"上,于是我们一直认为"看书"就是"阅读"。数字化和大数据正在改变人类对于阅读的狭义认知。

阅读的载体、内容和方式都在发生颠覆性变化,狭义阅读正在成为广义阅读,一个大阅读时代正在到来。大阅读是纸质阅读和数字阅读复合共存的阅读,也是文字、声音、图像和视频复合共存的阅读,也是一切信息内容可视化和可感知的阅读,还是沉浸式阅读、体验性阅读。大阅读趋势和需求为图书馆既带来了机遇,也带来了挑战。"全媒体""全媒体读写能力"和"大数据"等,对于图情工作者而言,不应仅是一个新名词、一个新概念,更不该是一个流行语、一种学术时髦,我们应该看到无所不在的信息社会扑面而来的前兆,应该看到数字化、网络化潮流的不可阻挡与浩浩荡荡,我们应该想到图情服务面临的诸多挑战:"全媒体"馆藏如何建设?"全媒体"资源如何组织?"全媒体"环境中图情服务能力如何提升?面对这样的挑战,传统图情服务唯有顺势而为、战略转型,向"智慧复合型图书馆"发展。

二、战略思考:(场所+空间+平台)×数字化×数据化×AI=智慧复合型图书馆

站在新阅读革命的高度来思考公共图书馆的未来发展,我们发现公共图书馆"传承文明,服务社会"的初心使命不应改变,提供阅读服务和促进阅读推广依然是公共图书馆的核心任务。需要与时俱进的只是对于"阅读"的定义和理解要从狭义扩展到广义,就是要用"大阅读"理念来指引我们的工作。传统图书馆依然要发挥场所、空间和平台的功能与价值,要持续推进数字化和数据化转型,要循序渐进地引入人工智能(AI)技术,如果能够成功发挥数字化、数据化转型的乘数效应和人工智能赋能的指数效应,那么传统图书馆就能顺利转型为大阅读时代的智慧复合型图书馆(Smart Hybrid Library)。

(一)智慧化发展是图书馆现代化历史进程中数字化转型的必然结果

图书馆从来没有停止过现代化发展。从技术视角看,图书馆现代化一直处在从自动化

到智能化、智慧化的进程中。图书馆信息化，或者说数字化转型，起步于图书馆自动化，即利用计算机让图书馆的核心业务（采访、编目）和核心服务（借阅流通）逐步实现自动化。当年的"图书馆自动化系统"就是指对图书馆馆藏资源实行自动化管理和服务的"图书馆集成管理系统（Integrated Library Management System，常用缩写ILS）"。众所周知，在信息化早期图书馆馆藏资源就是传统纸质文献，还没有数字资源，因此当年的ILS只是用数字化方式管理着传统纸质馆藏。伴随着信息化进程，图书馆馆藏资源也开始数字化，于是数字图书馆概念出现了，如今智慧图书馆又呼之欲出。这一切其实并不意外，早在计算机发明的前夜，布什先生（Vannevar Bush）在1945年7月发表于《大西洋月刊》的著名文章《诚如所思》中，已经几乎准确预见了今天图书馆数字化发展的一切可能。

数字图书馆是智慧图书馆的前提和基础。从数字化到数据化是实现智慧化的技术路径。对于一个传统图书馆（拥有实体馆舍）而言，真正的智慧图书馆一定是馆舍（建筑）、服务、业务和管理全面实现智慧化运行的，而且这个"四位一体"的智慧图书馆系统就是一个"信息物理系统"。

（二）复合化发展是图书馆实现其功能定位的内在要求

所谓复合图书馆（Hybrid Library）是指传统图书馆与数字图书馆的有机融合体，是美国图书馆学者苏顿（S. Sutton）1996年提出的概念，其认为复合图书馆是图书馆发展过程中的四种形态之一，即传统图书馆、自动化图书馆、复合图书馆和数字图书馆中的第三阶段，并且提出复合图书馆可以实现传统馆藏与数字馆藏并存。然而，数字图书馆中难道就不再需要纸质馆藏？就不需要保存已有传统馆藏了吗？所以，传统馆藏与数字馆藏"复合"并存不是关键，应该从更系统全面的高度思考图书馆的复合化发展问题。图书馆复合化发展的方向和程度，应该由图书馆的功能定位、服务对象的阅读需求以及技术发展环境共同决定。图书馆的"复合度（hybridity）"可以从定位、功能、馆藏、服务等多维考量。以上海图书馆为例，由于其历史文献、科技文献等特色馆藏的数量与质量俱佳，早在20世纪60年代就是一个"研究型"和"公共性"复合的城市图书馆，1995年在与上海科学技术情报研究所合并以后，其"复合型图书馆"的性质愈加凸显，不仅"研究+公共"而且"图+情"，图情一体化的上图馆所既是一个研究型公共图书馆，又是一个综合性情报研究中心。20世纪90年代末以来，上海图书馆不仅实现了传统纸质馆藏与数字资源馆藏共建共存，也初步实现了纸质阅读服务和数字阅读服务融合并存，而且这种馆藏和服务的状态应该永远保持，在智慧图书馆阶段馆藏管理和阅读服务将实现真正的以人为本的智慧化。当前，上海图书馆的复合化发展进程中最大的挑战是大阅读趋势带来的——如何在"三个面向（面向公众、面向专业、面向决策）"服务架构中实现狭义阅读服务和广义阅读服务的多元并存？我们正在以上海图书馆东馆建设为契机，探索面向公众的广义阅读服务创新，努力用阅读促进文化、艺术和科学普及，用文化、艺术和科学普及深入推进全民阅读。

在大阅读时代，所谓"复合"，是指图书馆的馆藏建设要多种并重，图书馆的服务要实现以阅读为核心前提下的多元丰富，而图书馆的业务和管理要支撑多种馆藏和多元服务。

（三）建设智慧图书馆的策略与路径选择

建设智慧图书馆非一日之功，不可能一蹴而就，因此，智慧图书馆建设必须按照"坚持系统全面、聚焦核心环节、选择适用技术、关注场景体验"的策略开展顶层设计，选择合适的发展路径。

智慧图书馆是馆舍、业务、服务和管理都实现智慧化运行的图书馆，无论怎样数字化转型、不管如何智慧化发展，数字图书馆和智慧图书馆依然是图书馆，依然是提供阅读服务和开展阅读推广的机构和组织。因此智慧图书馆的核心就是阅读服务和阅读推广的智慧化，本质上是知识管理的智慧化。

馆舍智慧化，建筑智慧化水平和程度已经相对成熟，从设计、建造到运营都已经有"建筑信息模型（Building Information Modeling，简称 BIM）"支撑的建筑环境全生命周期管理工具，关键是图书馆如何把 BIM 与图情行业特色、本馆实际相结合。图书馆要把馆舍作为最重要的馆藏之一来看待，建筑是可阅读的，智慧图书馆的馆舍不仅要能够支撑阅读服务，还要能"被阅读"。

服务智慧化，关键要提升阅读服务的体验和价值。资源总是有限的，首先要把资金和技术投入图书馆阅读服务的核心环节上。传统纸质书籍的精准管理依然是当务之急，数字资源便捷发现和获取依然有"痛点"，电子书报刊的普惠便捷阅读依然是"难点"。

业务智慧化，关键要提升业务效能，要优先推进核心业务和业务核心环节的智慧化。比如，馆藏管理、采编流程等都是图书馆的核心业务，采编流程中采访和编目（相对于书籍加工）又是核心环节。我们应该把最新最适用的信息技术工具运用到馆藏管理、采编业务中，在智慧化转型过程中持续提升业务效率。

管理智慧化，关键要提升管理效能，促进图情机构管理现代化。伴随着中国特色社会主义市场经济的不断完善，我国公共图书馆治理机制和治理能力的现代化还在路上，管理信息化和智慧化将有力促进图书馆管理现代化。图书馆管理智慧化不等同于简单应用办公自动化等系统，而是要在导入战略管理、人力资源管理、绩效管理、服务营销和项目管理等现代管理理论和方法前提下，构建和运用各种管理信息化工具。

  总而言之，大阅读趋势下，图书馆要在实体空间和虚拟空间中都能提供智慧阅读服务，都能开展智慧阅读推广，都能实现智慧业务和管理。这样的智慧图书馆不仅是一个"信息物理系统"，还可以是一个能够提供虚实融合的沉浸式交互体验的图书馆元宇宙。

参考文献

[1] 蔡迎春，严丹，周琼，等. 元宇宙时代智慧图书馆的实践路径——从图书馆的智慧化走向智慧的图书馆化 [J]. 中国图书馆学报，2023，49（04）：103-113.

[2] 曹宁，杨倩. 面向智慧图书馆的参考咨询服务发展思路初探 [J]. 国家图书馆学刊，2022，31（03）：22-28.

[3] 曾子明，金鹏. 智慧图书馆个性化推荐服务体系及模式研究 [J]. 图书馆杂志，2015，34（12）：16-22.

[4] 陈超. 大阅读时代智慧复合型图书馆发展战略思考 [J]. 图书馆杂志，2022，41（06）：4-8.

[5] 陈平. 大数据时代智慧图书馆建设路径 [J]. 信息记录材料，2021，22（07）：222-224.

[6] 初景利，段美珍. 从智能图书馆到智慧图书馆 [J]. 国家图书馆学刊，2019（1）：3-9.

[7] 储节旺，李安. 智慧图书馆的建设及其对技术和馆员的要求 [J]. 图书情报工作，2015，59（15）：27-34.

[8] 德国明，陈德云. 智慧图书馆背景下图书馆员能力提升探索 [J]. 黑龙江工程学院学报，2022，36（02）：84-88.

[9] 董晓霞，龚向阳，张若林，严潮斌. 智慧图书馆的定义、设计以及实现 [J]. 现代图书情报技术，2011（02）：76-80.

[10] 杜宸宇. 基于情境感知的智慧图书馆服务模式研究 [D]. 华中师范大学，2018.

[11] 费立美，潘颖. 图书馆智慧服务模式及其构建研究综述 [J]. 图书馆理论与实践，2022（01）：84-90.

[12] 龚碧染. 智慧图书馆建设下的阅读推广工作 [J]. 江苏科技信息，2023，40（10）：28-30.

[13] 郭晓柯. 物联网技术在智慧图书馆中的应用研究 [J]. 无线互联科技，2019，16（22）：114-115.

[14] 何渝蔺. 物联网技术及其应用策略 [J]. 电子元器件与信息技术, 2022, 6 (05): 62-64, 68.

[15] 胡娟, 柯平. 我国智慧图书馆建设的合作模式 [J]. 图书馆论坛, 2023, 43 (05): 23-33.

[16] 江锦红. 智慧图书馆微服务体系建设 [J]. 内蒙古科技与经济, 2021 (07): 98-99.

[17] 柯鸿彬. 智慧图书馆中的人工智能技术应用 [J]. 电子技术, 2022, 51 (05): 290-291.

[18] 李可. 智慧图书馆的特征、功能与实施 [J]. 文化产业, 2023 (23): 75-77.

[19] 刘琳. 5G 环境下智慧图书馆发展机遇与挑战 [J]. 科技风, 2021 (34): 4-6.

[20] 卢小宾, 宋姬芳, 蒋玲, 等. 智慧图书馆建设标准探析 [J]. 中国图书馆学报, 2021, 47 (01): 15-33.

[21] 慕东周, 方立公, 雷水旺. 基于大数据的智慧图书馆建设途径解析 [J]. 国际公关, 2020 (10): 197-198.

[22] 宁雪, 李臻, 黄宁. 图书馆智慧阅读推广服务路径研究 [J]. 大学图书情报学刊, 2022, 40 (05): 38-42.

[23] 潘辉. 基于数据驱动的智慧图书馆阅读推荐服务模式研究 [J]. 图书馆, 2021 (08): 49-56.

[24] 卿莉, 曾瑶, 陈云云, 等. 智慧图书馆特征与管理模式创新研究 [J]. 大众科技, 2023, 25 (08): 207-210.

[25] 饶权. 回顾与前瞻：图书馆转型发展面临的问题与思考 [J]. 中国图书馆学报, 2020 (1): 4-15.

[26] 申悦. 智慧图书馆中的人工智能应用 [J]. 数字技术与应用, 2023, 41 (05): 92-94.

[27] 汤尚. 图书馆元宇宙赋能智慧服务研究 [J]. 图书馆工作与研究, 2023 (05): 22-27, 74.

[28] 田丽梅, 基于物联网的智慧图书馆建设研究 [J], 图书馆学刊, 2020, 42 (10): 101-104.

[29] 王波. 图书馆时尚阅读推广 [M]. 北京：朝华出版社, 2015.

[30] 王霏. 大数据时代智慧图书馆建设路径分析 [J]. 江苏科技信息, 2023, 40 (17): 43-45.

[31] 王慧娜. 基于智慧图书馆的精准知识服务研究 [J]. 文化产业, 2023 (10): 127-129.

［32］王璐欢，亓伟. 人工智能与机器人技术应用初级教程 e. Do 教育机器人［M］. 哈尔滨：哈尔滨工业大学出版社，2020.

［33］王世伟. 未来图书馆的新模式——智慧图书馆［J］. 图书馆建设，2011（12）：1-5.

［34］吴凡，刘树春. 基于情境感知的智慧图书馆近场服务模式研究［J］. 图书馆学刊，2019，41（12）：94-98.

［35］吴慰慈，董焱. 图书馆学概论［M］. 北京：国家图书馆出版社，2019.

［36］吴振梅. 数据驱动视域下智慧图书馆阅读推荐服务的模型构建［J］. 晋图学刊，2021（03）：19-23.

［37］吴政. 智慧图书馆的本质、特征与实现路径［J］. 国家图书馆学刊，2022，31（03）：12-21.

［38］伍素梅. 智慧城市与智慧图书馆互动发展［J］. 才智，2014（22）：344-345.

［39］杨国震. 基于物联网技术的智慧图书馆建设研究［J］. 电脑编程技巧与维护，2018（02）：124-125，149.

［40］杨洁琼. 人工智能在智慧图书馆建设中的应用［J］. 数字通信世界，2022（09）：121-123.

［41］杨文泓. 浅议人工智能在智慧图书馆建设中的应用［J］. 内蒙古科技与经济，2020（24）：158-159，161.

［42］杨文建. 情境感知与智慧图书馆服务重塑研究［J］. 图书馆工作与研究，2021（07）：12-17，33.

［43］姚淑青. 智慧图书馆建设标准研究［J］. 兰台内外，2022（21）：79-80，53.

［44］尹丽棠. 智慧图书馆的概念、特征、构成及平台建设［J］. 佛山科学技术学院学报（社会科学版），2014，32（04）：82-86.

［45］张得森，蔡玉清，崔霞. 基于物联网技术的智慧图书馆系统设计［J］. 电子测试，2021（15）：91-92，25.

［46］张怀涛. 阅读推广的空间拓展［J］，高校图书馆工作，2017，37（01）：40-47，

［47］张谱. 5G+物联网技术在智慧图书馆建设中的应用与发展［J］. 文化月刊，2022（09）：132-134.

［48］张贤淑. 智慧图书馆阅读推广创新策略研究［J］. 农业图书情报学报，2020，32（06）：42-48.

［49］张新宇. 大数据时代智慧图书馆建设路径分析［J］. 中国管理信息化，2022，25（22）：217-219.

[50] 张幸格. 智慧图书馆实现精准服务的路径探析 [J]. 河南图书馆学刊, 2018, 38 (09): 94-96.

[51] 赵俊玲, 郭腊梅, 杨绍志. 阅读推广: 理念·方法·案例 [M]. 北京: 国家图书馆出版社, 2013.

[52] 周杰. 基于物联网技术的智慧图书馆服务架构设计 [J]. 无线互联科技, 2022, 19 (14): 77-79.